善の根拠

南 直哉

講談社現代新書

2293

目次

あとがき

はしがき

以下の本文でも何度か言及しているが、本書は仏教書ではない、というのが著者の心《こころ》算《づもり》である。

本書は、著者が理解する限りでの仏教の立場から書かれた、善悪の根拠、あるいは倫理を問題とする論考である。

すなわち、「仏教では善悪の問題をこう考えています」と言いたいのではなく、「仏教を学んできた自分は、いま倫理についてこう考えている」ということを書いた。

僧侶である者の言い分としては異例かもしれないが、プロパーの仏教書を期待する読者には事情を申し上げておくべきかと思い、あらかじめ一言する次第である。

第一部　「自己」への意志——善悪の極限へ

序　問題は何か

二つの問題

我々が善悪を考えるとき、まず問題になるのは、何が善で何が悪かということだろう。しかも、その善悪の概念が、いつでもどこでも通用するものであること、つまり普遍的であることを望むだろう。善悪を論じる者には、この期待に応じることが暗に要求されているだろう。

しかし、この要求は満たされない。我々は善悪の内容が時と場合によって変わることを知っている。殺人でさえ、悪とされないどころか、必要とされ（死刑）賞賛される（戦争）場合があることは、いまどき小学生でさえ知っている。

善悪に関して「普遍的」なことは、その内容ではなく、その区別にある。内容がいかなるものであれ、人間は善悪を区別し続ける。区別することを要求し続ける。なぜか。

さらに、善悪について間違いなく言えることは、「普遍的」と言っても、善悪が人間にしか必要とされないことである。つまり、善悪の区別は、人間の在り方そのものに関わる問題なのである。どういうことか。

本書は、この二つの問題を、仏教の考え方を背景として考えようとするものである。僧侶である私が、仏教の立場で問題を考えるのは当然と思われるかもしれないが、それは仏教が問題に正しい解を与えうると思うからではない。そうではなくて、善悪問題（倫理問題）こそが仏教の急所だと思うからである。

仏教の「諸行無常《しょぎょうむじょう》」（一切の現象、および現象を生ぜしめる力＝「行」は、変化し移り変わり続ける）「諸法無《しょほうむ》我《が》」（あらゆる存在は実体＝「我」を持たない、あるいは実体ではない）の考え方を徹底すれば、善悪の区別は確固とした根拠を失うだろう。

すべての存在は無常で無我で空《くう》（すべてのものはそれ自体〈「実体」〉として存在する根拠を欠いていること。「根拠」あるいは「実体」とされるものは言語作用が引き起こす錯覚であるということ）だとすれば、まず第一に、行為する者について一貫した主体性を想定することができないから、行為の権利や責任を彼が担うことも、彼に担わせることもできない。これは事実上、倫理的行為を不可能にするだろう。

第二に、善悪を区別する基準にも確たる根拠が無くなるから、善悪が時と場合によって入れ替わったり、善でも悪でもなくなったりするから、結果的に倫理的行為としては無意味になるだろう、という理屈が出てくる。
この理屈は、後にニルヴァーナ（涅槃《ねはん》：煩悩《ぼんのう》が尽き、悟りに至った境地とするのが一般的な解説）について述べるように、原理的に間違いではない。しかしながら、これは善悪を区別する戒《かい》（あるいは戒律）を仏教が持っている事実を説明しない。その区別がどのような思想上の意味を持つのかを説明しない。

修行が完成すれば善悪は自然に無くなるというがごとき理屈だけでは、完成するまでの間は存続するであろう善悪の区別をどう考えるのかという問いに、まったく応答しない。となれば、これは倫理や道徳の存在を否定する一種の「危険思想」に近く、実際、実践上の「出家」主義と相俟《あいま》って、仏教は虚無主義のごとくみなされ、歴史的に道徳や倫理を否定する教えとして攻撃されてきた。

たとえば、林羅山《はやしらざん》など江戸期の儒学者と、その理論的根拠を提供した南宋の朱子《しゅし》の考え方からすれば、仏教の核心的思想は、「君臣・親子」のような社会秩序や、「仁義礼智」をはじめとする人倫など、儒教の中心思想を無意味にするものとしか思えないのは当然である（「儒は実、仏は虚」林羅山）。おそらくブッダ在世中にも同じような批判が他教団からなされたであろう。

この攻撃を回避するために時として、正面からの議論を棚上げにした姑息《こそく》な理屈が持ち出されてくる。たとえば、仏教は儒教などと教えの根本においては一致しているなどと言い出し、儒教の五常（仁義礼智信）と仏教の五戒（不殺生《ふせっしょう》・不偸盗《ふちゅうとう》・不邪淫《ふじゃいん》・不妄語《ふもうご》・不飲酒《ふおんじゅ》）は、結局のところ同じ意味だと主張するのである。

そうでなければ、「無常」「無我」という本来の教え（「真諦《しんたい》」）ではたしかに何もかもが無根拠ということになるが、現実の世界で身を処すには「その教えは教えとして」、日常生活では世間の倫理や道徳（「俗諦《ぞくたい》」）に従うべきである、などと訓示する（いわゆる「真俗二《しんぞくに》諦論《たいろん》」の変種）。

究極の問いと正面から向き合う

私は今回、こうした回避をせず、「諸行無常」「諸法無我」の考え方を土台に据えて、善悪を論じることを目指す。事の成否は読者の判断による他ないが、僧侶にはこれを論じる責任があると私はずっと思い続けてきたし、今までそれを主題として論じた書物を見たことが無い以上、自分でやってみることにした次第である。

本書ではまず、仏教の最重要教義と私が考える「無常」「無我」「縁起《えんぎ》」のアイデアを土台に、善悪とはどういう現象なのか私見を述べる。

次に、この私見を、大乗仏教の「戒」に適用して、人間の行為としての善悪を具体的に考える。

そして最後に、善悪を実践する主体としての「自己」をどう構成するのか、その方法について考察する。

Ⅰ　善悪の根拠、あるいは無根拠

善悪の現前

そもそも善悪は我々に対して、どのように現れてくるのだろうか。

昔から勧善懲悪というのは芝居の定番で、テレビの刑事ドラマの隆盛を見ても、古今を通じて変わらないテーマと言えるだろう。

ところで、これらはまさに、悪人が中心のドラマである。まず懲悪があって、しかるのちに、それが勧善になるだけのことだ。だから、魅力的な悪役が登場しない面白い刑事物などありえない。

それにくらべれば、勧善だけが先にたつ善人のドラマは、たぶん面白くないだろう。人は、文句のつけようのない正しいことや、誰も反対できない善行を真正面から見せられると、なにかしら、不愉快とは言わぬまでも、気分が引くものである。どうしてだろうか。

私が思うに、悪は欲望され、善は課せられるものだからだ。

悪であるがゆえに禁止されるのではなく、ある欲望が禁止される。その禁止された欲望が悪であり、禁を犯せば罰せられ、罰せられたことが罪と呼ばれることになる。

他方、善は課せられる。自らすすんで善を行う者は尊敬に値するが、尊敬されるということは、まさにそれが本来したくないことだということを示している。責務として課せられることが、善の基本的な存立構造なのである。

したがって、悪には常に罰する者が、善には常に課す者がいる。ということは、善と悪には、その根底に強制があるということだ。

禁じられる、あるいは課せられる。この強制はなぜか。なぜ必要なのか。何を禁じ、何を課そうというのか。何を強制しようというのか。

このことを考えようとするとき、まず目を向けるべきは、「自己」という人間の在り方である。

「自己」と「他者」

先に私は、善悪は人間にしか必要とされないと述べた。その人間は、「私」という様式で存在している。「私」は特定の個体を意味しない（誰もが一人称を使う）。意味するのは、「人間」と呼ばれるものの存在様式である。

その「私」と呼ばれる存在の仕方は、「私」によっては開始されない。「私の肉体」は「他者」（「私」ではない者）から与えられたものにすぎず、「私の名前」も自前ではない。

この場合、肉体が付与されたものであることは、動物も同じだ。しかし、これは問題にはならない。なぜなら、動物の「私」（あるいは自意識）は無いか、無視しても構わない程度の強度でしか存在しないからである（動物は個体識別ができても「名前」を持たず、当座の行為の対象となる「相手」はいても「他者」はいないから、「私」が成立しない。このことは後述する）。

「私」が問題になるのは、「名前」を必要とすることにおいてである。

「名前」は、複数の存在が集団で生活する場合、その集団内の相互関係において、どこにどのように位置づけられるのかを示すものである（したがって、機能としては識別できればよいのだから、ナンバーでも代替できる）。ということは、「共同体における関係」そのものを認識できない存在には名前は必要ない。

この「名前」の言い換えが「私」である。そのことは、子供が最初から自分を「ぼく」「わたし」と言わず、名前で呼ぶことを考えればわかるだろう。名前によって刷り込まれる「位置」が完全に身についたとき、自称が名前から「ぼく」「わたし」に切り替わるのだ。

だとすると、「私」と「他者」との関係を把握できない限り、名前は機能しないということになる。

それは、単に当面の「相手」を認識することではない。それなら、あらゆる動物が必要の範囲で行うことである。

そうではなく、「私」と「他者」の「関係」を認識すること、いわば「関係」に対して関係することができるか、という問題である。その意味で、言語取得以前の乳児はその存在様式においては動物に等しいと言うことができる。

動物の中には道具を使え、簡単な加工ができるものもいるが、道具を作る道具を作れる動物は、人間以外には明確に確認されてはいないだろう。「関係」に対して関係するとは、それができる水準にあることを示す。

あるサルが石を手にして木の実を割るとすれば、それはサルが道具を使用して木の実と行為的に関係することだと言えよう。このレベルのサルはすでに多く観察されている。

ところが、この石をより使いやすい形に削り出す別の石をサルが調達してきたということになると、レベルがまるで違う。それができるには、「石で割る」というサル自身と木の実との行為的関係自体をイメージできなければならない。つまり、関係全体を対象化する必要がある。これが「関係」に対して関係するということである。

「関係」に関係できたとき、つまり「関係」を認識できたとき、その両端に「他者」と「自己」が発現する。すなわち、「自意識」とは「私」の意識ではなく、「私と他者の関係」の意識なのである。「私」とは最初から「他者との関係」における存在なのであり、その存在構造は、先立って存在する（「私」の肉体と名前は「与えられる」という事実）「他者」によって、どのような存在の仕方をするのか、一方的に決定されてしまうのだ。

「私が私である」ことは、その最初から、「私である」限り、「他者」によって決定される。「身分証明書」は、それを必要とするどの社会でも、他人が発行する。原理的に受動態でしかありえないのが、「自己」という存在なのである。

「私はAである」として生きてきた存在が、ある日突然、すべての他者から「お前はBだ」と決められたら、Bにならない限り、「私」としては生きられない。

そもそも「私である」という事実は、自分がそう思っていることと、他人がそう認知している（「彼はAである」）ことの一致によって構成されている。しかも、自分が「Aである」という記憶の一貫性も、その記憶を他人が共有し承認しなければ、結局は幻覚と同然になるだろう。つまり、自分が誰であるかの認識は、他者に深く依存しているのである。

ここに「自己」の絶対的な困難がある。なぜならば、それはつまり、「他者に決定されながら、それ自体は他者ではない」という根源的矛盾として、「自己」は存在する他ないということだからだ。

仏教でいう「縁起」の考え方を人間の存在様式、つまり「自己」に適用すると、このように言えるだろうと、私は考える。

仏教史的には、「縁起」の教説の原型的なものは、初期経典に釈尊《しゃくそん》の言葉としてある。

「これがあるとき、かれがある。これがないとき、かれがない。これが生じるとき、かれが生じる。これが滅するとき、かれが滅する」

この教説は基本的に、原因―結果の因果関係の意味に受けとられた。そして人間の「苦」的状況を「無明《むみよう》」を起点に十二項目の因果連鎖によって分析する、「十二支《じゆうにし》縁起《えんぎ》」の理論へと整理された。

上座部《じようざぶ》仏教《ぶつきよう》の時代になると、この分析は一層精緻になり、過去・現在・未来の三世《さんぜ》の時間軸に十二項目を配当して考える説が登場し、因果関係にも様々な種類を想定するようになった。

さらに大乗仏教の成立以後には、ナーガールジュナ（龍樹《りゆうじゆ》）が登場する。彼は、すべての存在は無数の原因や条件の結果として成立するもので、独立自存する存在ではなく、互いに原因となり結果となり相互に依存しあう関係にあるという、相互依存性としての縁起説を唱えた、と解説されることが多い。

ただ、私はナーガールジュナ縁起説を相互依存性において捉える考え方には賛成しない。

なぜなら、相互依存性は時として、すでにそれ自体で成立しているAとBがあらかじめ存在していて、しかる後に、両者の間に一定の関係が結ばれる、というように受けとられやすいからである。

私に言わせれば、ナーガールジュナの縁起説は、言語の機能を批判的に検討しながら、物がそれ自体で存在するという「実体」論的な考え方を解体することに主眼がある。

本書では、このナーガールジュナ的な「縁起」説を、「自己」の存在様式に極力引きつけて考えている。「自己」はそれ自体に根拠を持つ「実体」的存在ではなく、「他者に課される」ことによって、その根底から構造化されている。また、その「他者」は「課す」行為において、「自己」に「原因」的に組み込まれて「他者」たりえている。こう考えるのである。

「自己」存在と善悪

「自己」は「他者」に対して常に無力であるわけではない。「自己主張」はありうる（それは、「自己」が「他者」にとっての「他者」として「決定の権力」を持つ、という話ではない）。

しかし、どう「自己主張」しようとも、「私が誰であるか」を決定するのは「他者」である。「自己」の「自己決定」はありえない。

人間においてのみ、善悪が問題になるのは、この「自己」が「他者」に由来するという矛盾と困難があるからだ。すなわち、そういう存在の仕方を「自己」がしているからなのだ。この矛盾を矛盾として、困難を困難として認識できるということ（すなわち、それが「ある」こと）は、「自己」と「他者」の関係性それ自体を認識できるということである。

したがって、この関係性は、単に複数の人物が一緒にいるとか、付き合っているとかという意味ではない。そうではなくて、「自己」という存在が、「他者から課された」という構造によって無根拠に開始されてしまうということである。善悪はこの構造に対する態度のとり方の問題なのだ。

したがって、「群れ」で生活する動物には「善悪」は無い。群れに必要なのは「掟《おきて》」である。

「掟」は群れにおける「自己」と「他者」の関係を決定しているが、その関係の仕方自体を群れの個体各々が問題にすることはない。彼らは「関係」に対して関係することはできない。つまり「自意識」はないか、無視しても構わないレベルにある。それが、動物という存在の仕方なのだ。そうでなければ、言語を持ち「私は……」と言いだすだろう。そしてこのような言語を持つならば、それはどのような姿の動物であろうと、「自己」という様式で存在する「人間」である（と、私は定義する）。

逆に、善悪の観念の無い人間の集団があるとすれば、おそらくそれは、非常に長期間、周囲からほぼ完全に孤立した、極めて閉鎖的な小規模集団で、血縁・地縁を基盤として発生した「掟」が、人間関係に浸透している場合である。

このような集団にあっては、「掟」の存在自体を意識化し、その是非を考える契機がほとんど存在しない。結果的に、動物の群れの「掟」と同じように機能し、個々の人間は強く集団に組み込まれて「器官」化するので、「自意識」は曖昧になって、「人間関係に苦悩する」という「先進国の現代人」のような在《あ》り様《よう》は、彼らには想像することすらできないだろう。おそらく「人間関係に悩んで自殺する」行為はほとんど見られないだろう。

善悪が問題になるのは、まさに「掟」が関係することのできない、この「自己と他者の関係」においてである。つまり、「他者に決定されながら、それ自体は他者でない」という根源的矛盾、「他者に課される存在」という「自己」の在り方に対する態度のとり方が、善悪の問題、その区別の必要性の問題なのだ。

本書はまさにこの観点に立って、善悪を定義する。すなわち、矛盾と困難に満ちた「自己」という存在様式を肯定し受容する態度を「善」と呼び、否定し拒絶する態度を「悪」と考える。さらに言えば、「自己」を受容する決断が善の根拠であり（決断は「根拠」であって、それ自体は「善」ではない）、その拒絶が悪の起源となる（拒絶はあくまで「起源」であって、それ自体は「悪」ではない）。

したがって、本書が問う善悪は第一義的には社会秩序の問題ではない。ある共同体における行動基準の、つまり「道徳」の問題ではない。そうではなくて、個々の状況における「自己」の存立の問題、つまり「倫理」の問題である。

本書における「倫理」とは、様々な条件に拘束されながら、様々な局面である行為を選択しなければならない時々に、「自己」という存在様式を維持し肯定し続ける「意志」を問うことである。その「自己」が「他者に課される」以外に存在できない構造になっているから、結果的に「社会」（ある集団における人間関係の総体）の問題になり、「道徳」（人間関係の秩序維持）に通じるにすぎない。

つまり、善悪が成立するために必要なのは、「社会」が、それ自体で独立した存在であると錯覚されている「個人」に、既成の規範や徳目を刷り込むことではない。核心は、まず「他者」が「自己」に「自己であること」（＝人間の存在様式）を課し、かつ受け容れるように仕向けることなのであり、「自己」がその受容を決断することなのである。

だから、ここで言う善悪は、「我々はみな共に生きている」という「事実」に関わるものではない。もしそうなら、「我々」の範囲は、自分が実際共にいるか、共にいると感じる人々に限られて、それ以外の者は無視される。となると、善悪の判断は付き合いの都合に左右されて、所詮《しょせん》、処世術の一種にすぎないことになるだろう。

本書が言いたいのは、善悪とはそういう「事実」の問題ではなく、「他者に課された自己」という存在の仕方、「実存の様式」の問題なのだ、ということである。

倫理が特定の社会の道徳や規範を超えた普遍性を持つのは、それが「自己である」という様式の普遍性に関わっているからであり、同時に仏教が、「無常」という根本教義において倫理的な危機を内包するのは、「自己であること」すなわち人間という在り方を解消すべきものと考えていて、原理的に肯定しないからである。

仏教は、「性善説」や「性悪説」の成立を可能にするような「人間の変わらない本性」などは想定しないし、「神」から付与され、「人間」に内面から働きかける「聖霊」のごときものも肯定しない。つまり、「自己」の存在にいかなる確実な根拠も与えず、そこからの「解脱《げだつ》」を主張する以上、倫理を安定的に基礎づけうるアイデアが、仏教には無いということになるのである。

「賭け」としての根拠

このように、人間は「自己である」という在り方以外には存在の仕方を持たないが、そのこと自体は単なる事実にすぎず、価値ではない。すなわち、善悪とは関係がない。「自己」を受容するか拒絶するかという決断から善悪が発生するのであって、善悪の判断が先にあって、しかる後に受容か拒絶かが決まるのではない。

ということは、受容するかどうかは、根拠を持つ決断ではありえない。先だって「受け容れるように仕向ける」と述べたのはこのことなのであり、「受け容れなければならない」理由はない。仕向けられたとして、それを受け容れると決めたときに、はじめて、それが「自己」の倫理の基盤となる。

自殺という行為の意味は、それである。すなわち「自己」という様式によって生きる存在は、自殺することもできるのだ。すなわちそれは、生きるか死ぬかを選べる存在なのである。これまた厳然たる事実であり、そのこと自体は、善悪、価値とは関係ない。善悪や価値が発生するのは、この選択の後である。

ゆえに、本書では以後、最初から倫理的にマイナスイメージのある「自殺」の語は避け、代わりに「自死」の語を用いる。

生を選択するということは、「自己」として存在することの受容であり、死を選ぶことはその拒絶である。この選択それ自体には根拠が無い。根拠無き選択を「賭け」と言うなら、生に賭けるか否か。善悪の発生は、この「賭け」にある。

したがって、あらかじめ自死を禁止する根拠は何も無い。自死に対して我々ができる行為は、自分において「自ら死を選択しない」と決意することであり、他人に対して「自死しないでほしい」と願うことである。

矛盾や困難を引き受けたい者はいない。だからそれは課されなければならない。矛盾や困難を拒絶したいという欲望は当然である。「自己」であることが原理的に矛盾や困難であるということは、そこには負荷と禁止という強制があるということだ。

その負荷にもかかわらず、「自己」を受容するのか、禁止にもかかわらず、それを拒絶するのか。その「賭け」こそ、善悪の根拠、根拠無き根拠である。繰り返す。この「賭け」に善悪は無い。賭けが善悪を生むのだ。

「諸行無常」という考え方から言うなら、善悪が可能になる所以《ゆえん》は、この「賭け」以外にはありえない。

では、「他者から課せられた自己」を受容するか否か、その「賭け」によって善悪が発生するとするなら、具体的な「善行」「悪行」にこのアイデアを適用した場合、どんなことが言えるのだろうか。

次章では、大乗仏教の戒律を例に取り上げて、それを考える。

Ⅱ　善悪の意味

戒律の意義

およそ宗教には戒律がある。それが信者の生き方を規定している。仏教にも戒律がある。主なものは二種類。ひとつはインド・スリランカから東南アジアに広まる上座部仏教の戒律（具足戒《ぐそくかい》）。もうひとつは東アジアで主流となった大乗仏教独自の戒律（大乗菩薩戒）である。ただし、中国や韓国では具足戒と大乗戒は併用である。

以下、順次戒律について検討していくが、それに際して、あえて念を押せば、私は何も仏教の戒律の「素晴らしさ」を宣伝したいわけでも、仏教信者に戒律を解説しようというわけでも、受戒して仏教徒になることを世の人々に勧奨したいわけでもない。

私は、これまで本書で述べてきた善悪についての考え方を、具体的な人間の思考や行為の仕方に適用した場合、何が言えるかを考える例のひとつとして、戒律を取り上げているにすぎない。

したがって、どの宗教どの宗派の戒律を検討するかは大きな問題ではない。思うに、どの戒律の存在もその構造は基本的に同じであり、個々の戒律の重要項目も、多くは諸宗教間で、あるいは聖職者と信者の間で共通している。

もちろん同じ戒律でも経典や論書によって異同があるが、今回は私が属する曹洞宗《そうとうしゅう》の祖、道元《どうげん》禅師が主著『正法眼蔵《しょうぼうげんぞう》』「受戒」の巻で取り上げている菩薩戒（「仏祖正伝菩薩戒」）について考える。

繰り返すが、これは私の善悪についての考え方を示す方便《ほうべん》にすぎず、以下は『正法眼蔵』に述べられている内容の解説・解釈ではまったくないし、ましてや戒律に対する一般的な研究ではない。

戒律の実例

そこで、以下にまず実際の戒律、『正法眼蔵』の「菩薩戒」を提示する（厳密に言うと、仏教の場合、「律」は教団の運営規則を言い、「戒」が修行者・信者の実践倫理を規定する。したがって、本書がテーマとして扱うものは「戒」にあたる)。

帰依仏　帰依法　帰依僧

(この三項目を「三帰《さんき》〈依《え》〉」と呼ぶ)

摂律儀《しょうりつぎ》戒《かい》　摂善法《しょうぜんぼう》戒《かい》　饒益衆生《にょうやくしゅじょう》戒《かい》

(この三項目を「三聚浄《さんじゅじょう》戒《かい》」と呼ぶ)

不《ふ》殺生《せっしょう》
不《ふ》偸盗《ちゅうとう》
不《ふ》貪婬《とんにん》
不《ふ》妄語《もうご》
不《ふ》酤酒《こしゅ》
不《ふ》説在家《せつざいけ》出家《しゅっけ》菩薩《ぼさつ》罪過《ざいか》

不自讃毀他《ふじさんきた》
不慳法財《ふけんほうざい》
不瞋恚《ふしんに》
不癡謗三宝《ふちほうさんぼう》
(この十項目を「十重禁戒《じゅうじゅうきんかい》」と呼ぶ)

では、これらの項目を逐次検討し、善悪の問題を考察する。

三帰

帰依仏　帰依法　帰依僧
(仏に帰依します。その教えに帰依します。その教えを伝える修行者の集いに帰依します)

「帰依」とは拠り所にするという意味である。つまり、以下の三つを、自分たちは生き方の拠り所として選択するのだと、冒頭でまず宣言する。

ところで、この「三帰」は本来「戒」とは別物である(これを一連の「戒」のひとつとして扱うアイデアは、道元禅師の発想)。

「仏」は釈尊(ゴータマ・ブッダ)のこと、「法」はその教え、「僧」はその教えに従い、それを伝える僧侶の意味である。

これらに「帰依」するとはどういうことか。まさに「帰依」の宣言を以って我々は「自己」の受容を決断するのである。この三つを拠り所にすると決めることにおいて、生に賭けるのだ。ある教えによる生き方を選択するという、「帰依」という行為において、「自己」という存在の仕方を受容することを、決断し自覚するのである。それは、単なる「自己である」という存在の仕方から、決断を以って「自己を引き受ける」ことへの、身投げするような「実存」のジャンプなのだ。

「自己」には「自己」を始めることができない。「自己」は常に既に始まってしまっている。それが「誕生」という事態であり、ゆえに「自己」の開始に関して我々には責任が無い。その意味で、「自己」の存在は善悪の問題以前である。

言うまでもなく、責任が無い＝責任を問われないところに善悪を問うことは無意味だ。善行なり悪行なりが為されたとして、誰が行ったかをまったく問えない状況なら、そもそも何故、どうやって行為に善悪の区別をつけようというのだろうか(たとえば殺人事件があったとして、実行者を特定して責任を問うつもりが誰にも一切無ければ、出来事はただの「災難」で、「被害者」は所詮「不運な人」にすぎまい。「災難」と「不運」に倫理はない)。

気がついてみたら既に「自己」になっていた存在に、その善悪を問うことなど、まったく無意味である。

「帰依」とは、「自己」が「自己」を「自己」として、まさに開始することである。新たな存在の仕方を選択する。この開始において「自己」であることの責任が発生する。つまり、どのような「自己」であろうとするのかが問われる。善悪の根拠が発現する。

では、この意味において、まず「仏に帰依する」とはどういうことなのだろうか。

「自己」から始まる仏

ここで言われる「仏」を、本書では歴史上実在したであろう(もっとも、あらゆる過去の人物の「実在」は、結局推定でしかないのだが)、ゴータマ・ブッダのことだと規定する。とすれば、彼は初め人間として我々に現前し、修行の結果「ブッダ」になったのだから、このプロセスそのものが帰依の対象にならなければならない。

ゴータマ・ブッダも我々と同様、ゴータマ・シッダルタと名付けられた、「他者に課せられた自己」として存在が始まってしまった。しかし彼はそうであることを肯定せず、「ブッダ」になった。

ということはつまり、彼はそもそも「自己」であることを問題にしたのであり、そこから出発して「自己」を超克し、「ブッダ」になったのだ。ならば、問題そのものが存在していることをまず認めなければならない。否定する行為は、否定されるべきものの存在から始まらざるをえないからだ。

否定すべき「自己」を自覚し、その否定を担う「自己」をあらためて開始する。これが何ものか（本書では仏教）を頼りとして「自己が自己を自己として開始する」行為、すなわち「帰依」である。

将来否定されるべきものを、いま肯定する。こんな行為にはいかなる合理性も無い。「ブッダ」になることのほうが「自己」であることよりも結構なものなのかどうかは、実際に「ブッダ」になった者以外、誰も知らない。それが嘘でない保証は何も無い。それでも「ブッダ」になる道を選ぶのは、根拠の無い決断、賭けである。

「賭け」は「信仰」とは違う。「信仰」の対象は肯定すべきものとすでに定まっている。ただし、それを「信仰」するためには、「対象は存在しないかもしれない」「対象は間違っているかもしれない」と疑う余地がなければならないが。

一片の疑う余地も無い対象は、「理解」か「了解」の対象であって、「信仰」の対象ではない。したがって、「信仰」は「疑いの排除」を通じて現象する。

ところが「賭け」は「疑いの排除」をしない。肯定すべきものへの疑いを当然の前提として受け容れる。肯定と同時に否定の可能性を許容する。「根拠無き決断」とは、そういう意味である。

かくて、仏に帰依するなら、「自己」を否定するために、「自己」の受容に賭けなければならない。この「自己」を「自己」責任で開始しなければならない。

「自己」が仏を信じて成仏《じょうぶつ》の道を選んだこと、ここにおいて、善悪が発生する。仏に帰依した「自己」は、「ブッダ」になる道に利益となるものを「善」とし、この道を妨害するものを「悪」と決めるのだ。いわば善悪が「自己」の意志にのみかかっているのである。

「神」や「天然自然の本性」から善悪を説くなら、これほど危うい話にはならない。人間の意志とはまったく無縁に、善悪の根拠が担保されているのだから。

ならば、「ブッダ」とは何か。「ブッダ」は何を教えているのか。「教えに帰依します」とはどういうことか。

縁起としての自己

我々が「ブッダ」とはどういう存在か、何を言い何をしたのか、まがりなりにも具体的に知りうる「ブッダ」と言えば、それは我々同様「自己」として存在を開始したと思われる、ゴータマ・ブッダしかいない。だとすると、「ブッダになる」とは、ゴータマ・ブッダのようになることということになる。そういう存在の仕方、生き方をすることと考える以外に、我々にはイメージのしようがない。

とすれば、「ブッダ」がそもそも、「ブッダとなる」道のスタートに当たって、否定すべき「自己」という存在様式をどう考えたかが問題になる。

本書においては、帰依すべき「法」とは第一にここに関わる。「法」に当たるサンスクリット語は「ダルマ」で、一般には従うべき「ブッダの教え」の意味であり、そこから転じて物の在り方を決めるもの（=「本質」）、さらに「存在するもの」それ自体を指すこともある。大乗仏教の場合、核心的意味は「無常」「無我」「縁起」というアイデアである。

「無常」と「無我」は事実上同じ意味になる。

「常」であるということは、何ものかについてそれが不変であるという意味だろう。この不変の「何ものか」を「我」と言うのであって、ある存在の仕方を決める根拠となる「実体」を指す。「無常」「無我」はそうした「我」「実体」を想定しない考え方である。

これを「自己」に適用すれば、「自己」に「自己である」根拠は無く、誕生いらい今日までの「自己」を規定するいかなる「実体」も考えられない、ということになる。

となれば、根拠となる「実体」が規定できないまま、あるものがあるものとして存在するのはどういうわけか、と問われる。これに対して仏教が提案するアイデアが先述した「縁起」だ。つまり、ある存在はそれ以外の存在との関係から生成する、という意味である。これを再び「自己」に当てはめれば、すでに述べた「他者に課された存在」として「自己」を考える、ということになる。

本書で「教えに帰依する」というとき、善悪の問題に視座をとれば、このような「無常」「無我」「縁起」の考え方によって「自己」の在り方を認識する立場を選ぶことが、帰依の意味となるだろう。

すると、直ちに問題になるのは、「自己」を課する「他者」とは誰か、ということである。

共同体における自己

「自己」を課す「他者」は特定の個人ではない。なぜなら、その「他者」も「他者に課せられた自己」として生きているからである。たとえば、「自己」に基盤を与えるのは「親」だろうが、「親」の在り方は、「家族」の在り方によって規定され、その「家族」の在り方は、その「家族」の関係性を規定する「共同体」によって決まる。すなわち、「自己」の在り方は、その最初から「親」を媒介にして「共同体」という「他者」が決めるのである。

「自己」の「社会性」とは、このような「他者」との関わり方に由来する存在の仕方のことである。すると次に、その「共同体」はどこまでの集団を言うのかが問われる。

これを、人間が生まれ落ちた当初は、その時々の社会・経済構造が「家族」「ムラ」「クニ」「国家」などとして、共同体を具現化するだろう。

これらの「共同体」(=「他者」)が「自己」を課すことにおいて、「自己」―「他者」の関係性を定める規範が植え込まれ、その行動を規制するが、これは共同体との関係の仕方を自覚的に問う「自己」の、決断による選択以前であるがゆえに、先述した「掟」や「道徳」としては機能するが、善悪の根拠、倫理としては働かない。

したがって、共同体が弱体化したり、あるいは解体した場合、「掟」「道徳」はリアリティを喪失して、行動の規範は失われるだろう。「自己」の選択によるものではないから、共同体の衰弱は「自己」――「他者」関係の規範を直接危機に陥れるのだ。

とりわけ、弱体化した共同体内部で疎外され、抑圧されている「自己」は、衰弱した「掟」「道徳」を拒否することによって、「自己」を意味づけ、肯定し、保持しようとするかもしれない。彼は言うだろう、「どうして人を殺してはいけないのですか?」。「人を殺してはいけない」のが「道徳」や「掟」のレベルでの決まり事にすぎないのであれば、その有効性や現実性を担保しているのが共同体である以上、その劣化があらためて「いけない」根拠を問わせるのは、当然の成り行きだろう。さらに、その共同体での自らの位置に不安と不満を持つ者にとっては、この問いをあえて公然と持ち出すことが、「異議申し立て」になることもあるだろう。

すなわち、共同体の行為規範への単純な従属によってではなく、個々の状況に臨んで「殺してはいけない」という倫理的判断がなされるためには、根拠を選択し、その選択に責任を負わなければならないのだ。

無論、「掟」「道徳」を意識化した上で善悪の根拠として選択し、「自己」を構成するという方法もある。しかし、「自己」を仏教によって開始しようというなら、そのような仏教者としての「自己」を規定する「共同体」への加入と、その共同体を規定するルールの遵守が必要となる。その共同体を「僧伽《そうぎゃ》（サンガ）」というのである。

つまり、「自己」を再度開始することは、すなわち倫理的であることは、この新たな「自己」を規定する「他者」＝共同体を自覚的に選択して参加することに、結果的になるのである。とは言うものの、どこか特定の「教団」に所属しない限り倫理的でありえない、などと言っているのではない。

たとえば、教団に属さない「仏教者」はありうる。しかし、誰とも教えを共有しない「仏教者」はありえない。第一、彼は仏教を価値とする誰か（別の「仏教者」）に媒介されない限り、仏教を知ることはできず、「仏教者」にもなれない。

かくのごとく、人間が善悪を区別する根拠を持つとすれば、その「根拠」は既に共同化され、「根拠」を共有する程度と範囲において事実上「共同体」化されている。既に述べたとおり、単独の存在者には「自己」はなく、「自己」がなければ「善悪」も「倫理」も発生しない。

したがって、「帰依僧」の「僧」はもともと個人ではなく「僧伽」、修行者の共同体を意味する。仏教が関係性を規定する共同体への帰依によって、その「他者」（＝「僧伽」）が課す「自己」を選択し、開始することになるわけだ。

以上、三帰を検討した。けだし、三帰の意味とは、「他者に課された自己」を自覚し受容することの、根拠無き決断そのものなのである。

では、その帰依はどのような「自己」を課すのだろうか。いかなる行為を「善」として促し、どのような行為を「悪」として斥《しりぞ》けようとするのか。次に話を進めよう。

三聚浄戒《さんじゅじょうかい》

摂律儀《しょうりつぎ》戒《かい》　摂善法戒《しょうぜんぼうかい》　饒益衆生戒《にょうやくしゅじょうかい》

（一切の悪を断ずること。一切の諸善を行うこと。一切衆生のために利益をはかること）

この三つの戒は、大乗戒にしかない。その意味では、「空」の思想を大規模に展開し、それを「縁起」と考えた大乗仏教の教えと、この戒は密接に関連していると言えるだろう。

「空」の考え方の基本的な意味は、あらゆる存在や現象それ自体には、そういうものとして存在し現象する根拠が欠けている、ということである。それはすなわち、存在の「本質」とか「実体」として論じられているものが、錯覚や幻想にすぎないと考えることだ。

たとえば、「コップ」は誰かが「コップ」として使うから「コップ」なのであって、誰も使わない「コップ」は、端的に「コップ」ではない。「コップ」であることの根拠は、「コップ」に内在していない。

「縁起」は、「空」として存在するものの存在の仕方を説明する概念である。それ自体として存在根拠を持たないものは、その他のものとの関係から生成されるわけである。

たとえば、「四角い箱」は、それに腰掛ければ「椅子」、ノートを開いて書き物をすれば「机」、その上に乗って物を取れば「踏み台」である。それが何であるかは、その物に対する我々の関係の仕方によって決まる。同時に、それを使用している間の「私」は、まさにその使用においてしか、「私」として存在していない。

以下の戒は、「自己」の存在様式に適用された、この「空」「縁起」の考え方をベースにして論じられる。

最初の摂律儀戒。「摂」は取る、取り入れる意味で、「律儀」は修行者共同体の運営規則であり、僧伽において悪行として禁止されている事柄を意味している。この場合は、具体的には、次に出てくる十重禁戒のことである。

二番目の摂善法戒は読んだ通りに、善なる行為を実践することだが、ではその善行とは何かを言わなければならない。本書ではそれを、最後の饒益衆生戒のこと、すなわち一切の他者の利益をはかる行いだと考える。

善悪を定義する

ここで改めて、これまでの検討を踏まえて善悪を定義する。

善とは、「他者に課された自己」を受容すること、悪とはその拒絶を肯定すること（「自死してよい」ということ）である。後述する戒によって禁じられる行為、すなわち悪は、この観点から説明される予定である。

いま言及されるべきは、善である。善が「他者が課す自己」を受容することであるとすれば、それと菩薩戒が善行として提示する饒益衆生戒（「一切の他者の利益をはかる行い」）との関係を検討しておかなければならない。

「他者が課す自己」の受容それ自体には理由も根拠も無い。それは、受容するかしないかの決断の問題でしかない。しかも、「他者」が一方的に課す「自己」に対して、「自己責任」の論理は通用しない。

にもかかわらず、「自己」の受容が行われるとすれば、受容する主体が「自己」を大切なもの、価値あるものと認識したとき以外にはない。荷を負わされる者が背負うことを拒否しないとすれば、それは荷の価値を認めたときだろう。

しかしながら、背負う前の者に荷の重さも中身もわからない以上、その説明をすることは、負わせる側の「他者」の責任である。つまり、「自己」の価値と大切さは、「自己」自体に由来するのではなく、「他者」から付与されなければならないのだ。これが先述した「受容するように仕向ける」ことである。

では「仕向ける」とは具体的にどういう行為なのだろうか。それは、ある「他者」が、ある「自己」に対して、その「自己であること」を、まるごと肯定し尊重することによって、その存在自体が大切なのだと理解させることである。

「自己」を課す行為は、通常まずは「養育」、次に「教育」、さらには「雇用」などを通じて行われ、そこには常に「評価」が伴う。この「評価」が肯定的であることを通じて、「自己」は受容を促される。すなわち「愛される」とか「認められる」ということが不可欠なのだ。

その意味では、「自己を課す」という負荷を与える行為それ自体も、「自己」が存在することの最初の承認なのであり、課される側にしてみれば肯定されていることでもある。しかしながら、それが選択の余地なく一方的に開始されるとき、「課す」行為が承認であり肯定でもあるのだということは、そのような意味として最初は自覚されない以上、あらためて納得させられなければならないのだ。

とりわけ、最初期、つまり養育期に、「他者」(たいていは親)から課された「自己」であること、そういう存在の仕方であること自体を肯定されている実感が与えられないと、「自己」はそれを受容する力も、その負荷に耐える力も得ることができない。

「他者」としての「親」の立場の特異性は、それを引き受ける意志も能力も備えていない存在に、一方的に最初の「自己」を課すことである。この点で、課した瞬間、その行為に無条件的な責任が発生する(課したときの「親」の事情・状況は考慮されない)。人間において、「親」とは単に生き物として次世代の個体=「子」を産む存在ではない。そうではなくて、ある存在に対して「自己」を付与した責任を全面的に引き受ける、特別な「他者」としての存在の仕方なのである。ここに「親」としての倫理が成立しなければならない。

「この子を一人前にしなければ」という責任の自覚が、「親」という実存の仕方を生成する。この自覚と責任の全面的で確かな担保が、「親」としての「自己」の受容であり、ここにおいて「親」であることの倫理が可能になるのである。

問題なのは、当然ながら「他者」本人も「自己」として存在しているわけだから、彼は別の「他者」によって課せられ、肯定された「自己」ということになる。つまり、「他者」から肯定された「自己」が今度は自ら「他者」として（別の）「自己」を肯定する、という連鎖構造になっているのだ。この構造を前提にするなら、そこから、「肯定された経験の無い者は肯定できない」という予想が成り立つだろう。

だとすると、「他者に課せられた自己」を受容する行為は、根本的に互酬《ごしゅう》関係に依存することになるので、所詮は時間差のある取引にすぎないということになろう。もしそうならば、事態は「肯定された経験の無い者は肯定できない」というよりも、「肯定されない者に肯定する責任は無い」ということになる。ここには善悪は関係ない。取引自体は損得・需給の問題で、善悪の埒外《らちがい》だからである。

「自己」の受容が「善」なる行為として確立するのは、この取引を意志的に廃止したときである。つまり、互酬関係の外側に出て、「自己」を「肯定されることなく」受容する。あえてそう決断する。そして、「肯定されなかった自己」のまま、「他者」の「自己」を

「肯定する」（仮に互酬関係が世俗の規範の基本をなしているとするなら、そこから出ることとは、まさに出家であろう）。

他者から一方的に課される「自己」を、なんの理由も無く、誰の力も借りずに受容すると決め、今度は別人の「自己」の受容を、その存在を深く尊重することによって促す。ここに「一切の他者の利益をはかる行い」の本領がある。そしてこれこそが、互酬関係としての世俗規範（たとえば「情けは人のためならず」）を起動させる原動力となる。

互酬関係とは、互いに見返りがあることを前提としてはじめて成立する関係である。ところが、事前に見返りの確実性を完全に見通せる者は誰もいない。ゆえに、見返りを度外視して行動を起こす者（「情けはただ人のためなり」という実存の跳躍）があって、はじめて互酬は起動する。すなわち、互酬関係は、その外側からの力が働かない限り開始されないのだ。

大乗仏教の理想的修行者とされる「菩薩」の「慈悲」とは、まさにこの外部の力である。

彼は誰かに感謝されたくて「慈悲」の行いをするのではない。感謝されようがされまいが、彼はただ「菩薩」としての「自己」を受容したがゆえに、その「自己」の為すべき行いをしているにすぎない。

その「慈悲」を受けた者が、「菩薩」が受け付けない彼の「感謝」を他人への「親切」などに振り替えたとき、互酬の端緒が開かれる（「情けは人のためならず」の発動）。菩薩の「慈悲」を「自未得度先度他《じみとくどせんどた》」（『大乗涅槃経』）と表現する場合があるが、「自分が未だ彼岸（涅槃、あるいは涅槃の境地）に達しないまま、他人をそこに到達させようとする」行為は、実に自ら何も得ないまま他者に得させる決断なのであり、まさにこのような実存のジャンプこそが大乗仏教の「善」の根拠なのである。

巷間《こうかん》、親子関係について「虐待の連鎖」、つまり「虐待された経験のある親が子を愛することの困難さ」が指摘されることがあるが、このことは「自己」の受容がいかに強く互酬性に規定されているかを示している。

この互酬性を乗り越え、親が自ら肯定されることなく子を肯定するなら、それは関係の形式として「菩薩の慈悲」と類比的であろう。そのような「親」は、まさに無償で「子」の存在の根底を作り出すという難事に臨んでいるのである。

すると、「子の自立」についても類比的に考えることができる。「課せられた自己」の受容とは、「一方的に課す他者」（＝「親」）を赦《ゆる》す、ということである。それは本来「課す他者」が負うべき責任を免除すること、その時点において、「自己であること」の責任を「自己」が負い直す（肩代わりする）、ということになる。それはまさに、互酬性の否定によってのみ実現する行為なのであり、「自己」が倫理的主体として開始されるのは、このときである。人間における「自立」の意味は、これ以外にはない。

同様に、イエスが言った「汝の敵を愛せよ」という垂訓《すいくん》も、まさに互酬性の否定そのものである。宗教が倫理の根拠となりうるためには、この否定が必要なのだ。

では、禁じられるべき「悪」と規定される行為は何か。そのそれぞれは、「他者が課す自己の拒絶」という定義から、どのように説明できるのか。次はこれを考察する段取りである。

十重禁戒

不殺生《ふせっしょう》（殺してはならない）
不偸盗《ふちゅうとう》（盗んではならない）
不貪婬《ふとんにん》（性欲に溺れてはならない）
不妄語《ふもうご》（嘘を言ってはならない）

不《ふ》酤《こ》酒《しゅ》（酒を売ってはならない）

不《ふ》説在家《せつざいけ》出家菩薩《しゅっけぼさつ》罪過《ざいか》

（僧や信者の罪や誤りを非難してはならない）

不《ふ》自《じ》讃毀《さんき》他《た》

（自分を賞賛し、他人を誹謗《ひぼう》してはならない）

不《ふ》慳法財《けんほうざい》（教えと財物を惜しんではならない）

不《ふ》瞋恚《しんに》（怒ってはならない）

不《ふ》癡《ち》謗三宝《ほうさんぼう》

（仏・法・僧の三宝を愚かにして誹謗してはならない）

これら十項目は、他の宗教の戒律にも見られる。特に殺してはならない、盗んではならない、嘘を言ってはならない、姦淫してはならない等は、ほぼすべての宗教に共通するだろう。

ただ、仏教の場合重要なのは、戒は禁止というよりも、戒の意味を学んだ上で、教団に加入し、メンバーであり続けるための、誓願や意志として解釈されねばならないということである。つまり、「殺してはならない」という禁止への単なる服従ではなく、「殺さない」という明確な意志へとそれが転換されるべきなのだ。これは、たとえば、絶対神から課された禁止事項への無条件的な服従とは違う。

絶対神による禁止は、それ自体が啓示であり、人間の側にはその意味や理由を問う余地がない。また神にも説明の義務はない。絶対神を信じるなら、その意志に人間が従うだけの問題である。

これに対して仏教の戒律は、教団の内部規範であり、加入の条件にすぎない。超越的な、あるいは絶対的な根拠があるわけではない。

そもそも、仏教の戒律は、ブッダによる制定後にしか意味を持たない。たとえば、殺人の場合、当時の刑法では罪であったとしても、仏教においては、ブッダの戒制定以前なら、罰せられる罪にはならない。「罪」は共同体ルールに対する違反や逸脱なのだから、ルール制定以前は「悪」でありえても「罪」にはならないからだ。

だから、教団への加入者は、戒制定の理由や内容を学び、意義を理解した上で、守る決意をした者だけが守るのである。

したがって、仏教の戒律は、修行者として生きるという自らの決断において、必要とされる生活様式を維持しようとする意志的行為を意味している。このことは、「自己」の受容を根拠の無いままの決断によって開始するという「無常」の立場に、正確に照応する。そこで以下、「〇〇してはならない」は「〇〇しない」と読み替えて解釈する。それは禁止への服従ではなく、選択された意志でなければならないのだ。

では具体的に戒を検討しよう。

不殺生(殺さない)

殺さないという意志は、なによりもまず自死しない、という決意である。それはつまり、「他者に課せられた自己」を受容するという根源的な意志である。

この意志が「自己を課す他者」の存在を肯定するのだ。そして、その受容の意志は、「課す他者」が「自己」を尊重し敬うことによって涵養《かんよう》される他はない。

すると、「他者」から尊重されたことのない(無視され、虐待されたかもしれない)「自己」が、それにもかかわらず「自己」の受容を決意して、その決意において「他者」を受容し肯定できるなら、この困難を引き受ける「自己」こそ、本書における究極の「善なる者」(大乗菩薩僧)ということになるだろう。

となると、逆に人間が「悪人」となるそもそもの前提は、「他者に課せられた自己」という存在構造に無知であることだと、私は考える。

いま言う「無知」は単純な知識や認識の欠如のことではない。それは身体感覚に由来する、いわば「体解《たいげ》」の有無の問題で、「他者」からの肯定を実感する経験に乏しい「自己」は、この「無知」に陥りやすいだろう。そして、これぞまさに「無明《むみょう》」の典型例である。

「無明」とは関係性において存在するものを、それ自体で存在すると錯覚することだからだ（念のために言っておくが、「無明」それ自体は善悪と関係がない。また、「無明」が悪の「原因」と決まっているわけでもない。それは一般的な認識と倫理の関係と同じである。間違いが悪ならば、すべからく人の学びは否定されることになる）。

しかしながら、「無明」が善悪と無関係ではあっても、「自己」が「無明」なるものとして実存を開始することが、倫理を要請するのである。かりに、一神教の言う「原罪」を自意識の発生と解釈するなら、「原罪」的実存だからこそ、倫理が現前するのである。

この「無明」の悲劇的にわかりやすい例が、「死刑になりたいから人を殺した」、という通り魔的殺人を犯す者である。そんなことを言うくらいなら、さっさと自分が死ねよ、と余人はみな言いたくなる。当然である。では、彼は、この当然のことがわからないのだろうか？　違うだろう。わかった上での行為だろう。

おそらく彼にとって、自死は自己の否定である。だが、死刑は「他者」による「自己」の否定である。自分で自分を否定することはできないが、他人からの否定は容認する。ということは、彼自身はこの時点で「自己」を深く肯定しているのだ。すなわち、彼にとっては「他者」による否定は無意味なのであり、彼の「自己」をまるで傷つけない。この「他者」の無視においてこそ、彼の「自己」は確保されているのだ。

彼の錯誤はその「自己」理解にある。彼は「自己」が「他者」に課せられていることを認識しない。「他者」は「自己」から切り離せると思っている、あるいは切り離したいと思っている。

切り離せれば、「他者」の否定（殺人）は、世の決まりとしては犯罪だろうが、それは彼の「自己」にまるでダメージを与えない。この世は生きるに値しないと考えても、その「世」から切り離された「自己」の価値は変わらない。

とすると、「他者」「この世」による「死刑」は、彼の肉体を破壊することはできても、「自己」の意味の方はまるで否定することができない。彼は「無縁」なのだから。だから、彼は時として、「自分は善悪をわきまえない」とか「ゴキブリを殺してよいなら、なぜ人を殺してはいけないのか」などと言ったりする。つまり、彼の「自己」は「他者」を超越していると言いたいのだ。この「超越」の錯覚が、「他者に課せられた自己」の自覚を不可能にする。このとき彼から倫理の根拠が失われるのだ。

死刑を望む殺人者が拒絶しているのは、殺した相手ではない。その証拠に彼は大抵「殺すのは誰でもよかった」と言う。そうではなくて、彼が拒絶しているのは、「他者に課せられた自己」という存在構造自体なのである。これすなわち、「他者」を否定し（殺人）、また「他者」から否定される（死刑）ことで、「自己」を救出しようという錯覚なのだ。

この拒絶と錯覚は、「自己」の構造を受容する力を十分に供給されていない（言い換えれば、それまで十分に「他者」から尊重され認められた実感を持っていない）ことに由来する。であるから、彼にとっての「他者」は、単に「自己」における矛盾と負担としてしか現前しないのだ。

そのような「他者」を否定して結果的に死刑になっても、それは彼にとっては矛盾と負担から「自己」を救出することになる。

これに対して、いわゆる自死は、なんらかの理由で「他者に課せられた自己」という存在構造そのものに耐えられなくなった結果として起こる。自死者は「自己」を救出することを意図してはいない。「自己」を否定することで、なによりも「他者」の矛盾と負荷から逃れたいのである。

すなわち、死刑を望む者は、「他者」の否定によって、「他者に課せられた自己」という存在構造から「自己」を解放しようとしているし、自死者は「自己」を消去することで、構造から離脱しようとするのである。根源的な問題はここにある。

繰り返す。「不殺生」戒は、人殺しは悪だ、などと漠然と言っているのではない。そうではなく、なによりもまず、自ら死を選択しないという意志と決断なのだ。自分で死なない、他人に殺させない（自殺幇助《ほうじょ》的行為）と言っているのだ。それこそが直接的な「他者に課せられた自己」の受容、その決断なのである。

他人を殺してはいけないということは、この決断があってこそ初めて言える。「他者に課せられた自己」の受容が「自己を課す他者」を肯定すべき対象とするのである。

このことは、「死ぬ気になれば何でもできる」という言い方を考えればすぐにわかる。もしそうなら、「何でも」と言う以上、論理的にはそこには「殺人」も含まれているだろう。だとすれば、「死ぬ気」の放棄によってしか「殺人」を否定できない。

「人殺しはいけない」ことを理論的に「説明」することは不可能である。「ダメなものはダメだ」と断言しても、それを納得するかどうかは人それぞれだろう。それは自死の場合と同じである。

そうではなくて、「他者に課せられた自己」を受容する意志において、殺さないと決め、受容の決断において、そう覚悟する他はない。善悪が自己と他者の関係の問題である以上、仏教における善悪の根拠は、人を殺してはいけないという「理屈」ではなく、「自死」しないという意志と決断にある。

自死それ自体は善でも悪でもない。しかし、自死しないという決意が善の根拠であり、自死の肯定が悪を生み出す。自死そのものは悪ではないが、善を無効にする。

この世に善を望むならば、自死してはならない。人に自死させてはならない。「他者に課せられた自己」を拒絶してはならない。させてはならない。これは理解の問題ではなく、あくまでも意志の問題である。

「尊厳死」「安楽死」の問題

では、不殺生戒の立場からして、「尊厳死（消極的安楽死）」や「安楽死（積極的安楽死）」はどう考えればよいのか。ちなみに本書では、「尊厳死」は、本人の意志によって、治療行為を中断し、結果的に死期を早めること、「安楽死」は、本人の意志に基づき、制度的手続きを経て、医師が「自殺幇助」的行為をすることである。

たとえば、パーリ律（上座部の具足戒）の記述を見ると、「安楽死」や「尊厳死」を容認する理屈は出てこない。

しかしながら、初期経典には、ブッダがそれを容認するような例がいくつかある。たとえば、高齢で病に苦しむ弟子の自殺を知り、彼はその行為を否定せず、弟子がニルヴァーナに入ったと認めている。とすると、文献上のブッダの言行を根拠にしては、この問題に明確な決着はつけようがない。

では、本書ではどう考えるか。

まず指摘したいのは、「安楽死」「尊厳死」を問題にするとき持ち出される「死の自己決定」というアイデアが、錯覚にすぎないということである。

第一の錯覚は、その思想的背景である。「安楽死」「尊厳死」は、「無意味な生がある」という考え方を前提にしないかぎり、成り立たない。

しかし、理由も目的も知らぬまま「生まれてきてしまった存在」に、生の「意味と無意味」を判断する根拠を持てるわけがない。「意味」を与えるのは「他者」である。

たとえば、現代日本において「もう生きていても無意味だ」と考える人は、「明瞭な意識を持ち、行動を自己決定できる者こそが正常な人間である」という考えを前提とするだろう。この考え方は、西欧近代以降の人間観を土台としていて、ということは結局、市場経済が造形する人間の存在形態である。

すると、「無意味な生」とは、所詮「市場的に無意味な生」、つまり、生産にも消費にも売買にも役に立たなくなった人間の在り方、という意味になり、とてもではないが「自己決定」とは言えまい。市場に「自己決定」させられている、と言うべきである。

錯覚の第二は、実際問題として、「安楽死」や「尊厳死」は、「自分でする」のではなく、「他人にさせてもらう」死に方だということである。実際にその方法で死のうとするときには、もはや本人は「自己決定」できる状況ではないのだから。

「リヴィングウィル」などと力んでも、他人から無視されたらそれまでである。無視されないように、法制化によってその死が義務づけられたとするなら、市場経済の価値観を根拠とする法律が「意味ある生と無い生」を区別するという、錯覚の極限状態が現出するだろう。

とはいえ、本書の立場においては、「安楽死」「尊厳死」を「自己決定」の問題であると考えることに反対しようというのではない。そうではなくて、それは「自己決定」の埒外の問題である、と言いたいのだ。というよりも、「自己決定」能力の喪失において、初めてこれがテーマとなるのだ。

「自己決定」能力の喪失とは、換言すれば自死する能力の喪失であり、さらに言えば「自己」を受容する能力の喪失である。

とすると、「自己を受容するか否かの決断が倫理の根拠となる」と考える本書の立場においては、能力喪失の時点で、問題は倫理の埒外になる。倫理的判断の対象ではなくなるのだ。

すると残るのは、「他者に課せられた自己」の部分、すなわち、「安楽死」「尊厳死」は、「他者」がそれを受容する能力を喪失した当人に、さらに「自己」を課し続けるかどうか、という問題になるということである。これは倫理の問題ではない。「他者」がそう望むかどうかの問題である。望むことが善でもないし、望まないことが悪でもない。

たとえどんな状態でも「あなたはあなたであってほしい（〈自己〉を課し続けたい）」と思っても、「もはやこんなあなたであることはしのびない（もう〈自己〉を課さない）」と決めても、それは善とも悪とも言えない。この「他者」の選択は、「自死」自体が善悪の埒外であるのとまったく同様に、善悪とは関わらない。

右を言い換えると、「安楽死」「尊厳死」においては、死ぬ当事者以外の者が、その当事者の生死をどう決めても、それは倫理的な問題にならない、ということである。

この場合、唯一の条件は、生死を決定する人間が、死ぬ当事者から決定的な強度で「自己」を課せられていることだ。それはつまり、「他者」の生死の判断が、「自己」の存在の仕方に直接影響する構造的意味を持つということである。それは、場合によっては、「他者」の生死が「自己」の生死に直結する問題になる、ということである（いわゆる「後追い」や「殉死」）。

したがって、この「自己」にあっては、「自死」それ自体が善悪とは無縁なように、自らに「自己を課した他者」の生死に対する判断は、善悪の埒外である。

実際問題として、ある者が、殺意と無縁に家族の「安楽死」「尊厳死」をどう判断しようと、その善悪を明確に判別する根拠は、本書の立場ではありえない。

不偸盗（盗まない）

戒の解釈を「盗んではならない」ではなく「盗まない」とすることの意味は、アイデアとして特に重要である。この場合、前者は「所有」という行為を前提にしているが、後者はこの行為を虚構だと考えるからである。

「自己」の存在が「無常」「無我」で、根拠に欠けているとすれば、「自分のもの」にする行為それ自体になんの根拠も無いことは自明だろう。

「他者に課せられた自己」であるからには、「自己」は「自己」には帰属していない。ならば、それ以外の物が「自己」に「所有」という形式で帰属することは、そういう根拠の無いアイデアを強引に制度化する以外には、起こらない。

実際、突然大地に円い線を引いて、「この中はオレのもの」と宣言する行為（すべての土地私有は所詮そういうことである）は、その行為を他者が承認するシステムがない限り、妄想にすぎない。

仏教が一貫して所有行為に批判的で冷淡なのは、所有という虚構や妄想に対する執着と制度化が、根拠を欠いている「自己」に「物の帰属先」としての根拠を錯覚させるからである。「所有」に根拠を作り出すなら、「所有する自己」にも根拠が付与されるわけである。

所有とは、その物が他者から欲望されない限り、発生しない事態である。自分以外の誰かが欲しがるから、所有が問題になるのだ。

つまり、所有とは、それを持つことで、自己が他者の欲望の対象となることである。この「他者から欲望される」ことが、「自己」の受容を促す他者からの「愛情」や「肯定」と錯覚されるのである。実際は物への欲望であるにもかかわらず、「自己」の肯定と取り違えるわけだ。

これは結局、「他者に課せられた自己」という存在を、所有が「自己」に根拠を錯覚させた結果、「他者」から幻想的に切り離すことになるのだ。

仏教はこの錯覚を拒否する。すなわち、「盗んではならない」が、所有の制度やシステムを犯すなと言っているのに対して、仏教の説く「盗まない」は、「盗みを成立させない」意志において、所有制度と「自己」の無根拠さを意味しているのだ。

すると、物の帰属はどのように判断すべきなのだろうか。

「所有」行為の大きな問題は、それが必要からは切り離されていることである。

「他人の持ち物」を盗む行為が、そのときに必要とされて使用中だったり、すでに消費されてしまったものに対しては不可能なように、「所有」の問題は、そもそも根本的には「当面使わないもの」「必要以上のもの」「余っているもの」をめぐる問題である（そうでなければ、「盗み」は成立せず、行為は「強奪」となり、それは所有制度の無視・破壊である)。

このとき、「必要なもの」の帰属は見えやすいだろうが、「余っているもの」の帰属はそうではない。「いま必要ではなくて使っていなくても、私のもの」というアイデアは、合意の形成と制度化がない限り、成り立たない。つまり、個々の共同体内部で「所有」行為を定義し、メンバー全員が守るべきルールとして共有しなければならない(法制化)。すると制度の仕組みや運用によって、必要とは別に物の「所有」は決められ、その結果、物の偏在が起こるだろう。しかし、それは「所有」制度においてはなんら問題ではなく、当然である。

ところが、ここに古くて新しい問題がある。それは、困窮している者がどうしても必要としているものを、それが余っているところから、所有制度に反して持ってくること(行為としては紛れもなく「窃盗」)は、本当に悪いことと言えるのか、という問いである。飢え死に寸前の子供が、食べきれないこと確実な金持ちの晩餐《ばんさん》から、リンゴを一個持ち去ったとして、それが悪なら、むしろ所有制度の方に不合理があるのではないのか?

これは一般的な問いとしては、所有の格差は、どのような理屈で、どの程度まで容認されるのか、ということであろう。

仏教の立場は、この問題に対して、「所有」とはまるで発想の違う見解を示す。

つまり、所有の格差自体は、所詮、所有制度内の問題である。そこでは、あくまで「自己」と「他者」を切り分けて考えることが前提とされている。

しかし、「他者に課せられた自己」を前提とするなら、物の帰属を「所有」とは異なる様式で考えることができる。すなわち、自己と他者の関係においてどの位置にその物を置くと、相互の関係は充実するか、という観点から帰属を考えるのである。

この観点から言えば、物はそれを最も必要とする人間の手元に置かれるべきであろう。その彼との関係性において、物の存在は最高度に効果を発揮し充実する。誰のものかが問題なのではなく、どこに置いたら最適なのかが帰属を決めるのである。すなわち、所有制度を脱落した考え方なのだ。

これについて、道元禅師の主著『正法眼蔵』「菩提薩埵四摂法《ぼだいさったししょうぼう》」の巻の中に、非常に興味深い記述がある。いわく、

「我物《がもつ》にあらざれども、布施をさえざる道理あり。そのもののかろきをきらわず、その功

の実なるべきなり。道を道にまかするとき得道《とくどう》す。得道のときは、道かならず道にまかせられゆくなり。財のたからにまかせらるるとき、財かならず布施となるなり。自を自にほどこし、他を他にほどこすなり」

いわく、私の持ち物ではなくても、それが布施を行う妨げにはならない。布施するものが取るに足りないものでも、その効果（功徳）が確かにあるかどうかなのだ。仏道修行に身を任せて余念なければ、その教えの何たるかを得ることができる。財物もその在り様に任せれば、それが自然に布施になるのだ。それはすなわち、（布施という行為において）（布施する）自己が自己となり、（布施される）他者が他者となることなのだ。

ここでは、仏や僧侶、あるいは貧しい人などへの施与《せよ》としての布施行を説いて、自分の所有物でなくても布施する行為の妨げにはならない、と言う。誰の所有かは問題にならないのである。

しかも、布施する物の価値も問わない。たとえば、布施する物の値段は、布施行の価値とは関係しない（「そのもののかろきをきらわず」）。

大切なのは、布施行が、その物の価値がもっとも完全に発揮される状態を作り出すことなのである（「その功の実なるべきなり」）。物の帰属は、その状態の帰結なのだ。

これは、仏教の修行が修行者個人の成功不成功の問題でないことと同じである。修行は、誰が何を目的に修行するのかが問題なのではなく、修行そのものを修行として完遂させることが重要なのであり、その修行において実存する者として自己を形成することが、仏教の体得なのである（「道を道にまかするとき得道す」）。

それは仏教が最終的に「人間」を問題にしないからである。仏教の問題はあくまでも教えそれ自体なのであり、教えがまさに実践されたことだけが重要なのであって、個々の実践者の身の上などは、どうでもよいのである。どこの誰がどんな事情で修行しようと、そんなことは一切無意味だ。仏教において彼は、「教えを学び修行する」実存としてしか、意味がないのである。

同様に、物の存在がその在り方を全うできる状態に任せる行為こそ、布施なのである（「財のたからにまかせらるるとき、財かならず布施となるなり」）。

このとき、物が誰の所有なのかということは、問題にならない。自己が他者に物を布施したとして、このとき、自己と他者は、物の在り方を全うさせる状況＝縁における関係項にすぎない。

ということは、「他者に課せられた自己」の布施行は、この行為において、布施する「自己」と布施される「他者」に切り分けることはできない。

むしろ、布施という行為が関係項たる「自己」を「自己」として、「他者」を「他者」として現前させるのである（「自を自にほどこし、他を他にほどこすなり」）。

このとき、施与する物そのものは、この布施行という関係性において、物としての存在の仕方を全うするのであるから、自己も他者も物も、この布施行において、それ自体に存在根拠を内在させる実体ではないこと（「空」）になる。その三者は、布施行を完成させる三要素として存在するのだ。このことを、「三輪清浄《さんりんしょうじょう》」と言う。この「清浄」こそ、布施行がもたらす、「自己」と「他者」と「物」の、存在の充実なのである（布施する者の「功徳」、布施された者の「満足」、物の「効用＝存在性」の完遂）。

したがって、「盗まない」という戒の意志は、一見そう見えるように所有制度を護持しているのではなく、それを根本において否定している。少なくとも、所有行為と制度の無条件肯定とそれへの固執は、自己と他者と物、それぞれ存在するものの存在性を毀損《きそん》すると、主張しているのである。

すなわち、「所有」は「布施」によって超克されるべきなのだ。

遺伝子操作と先端医療

医療技術の劇的進展は、受胎や胎児も対象として含む遺伝子操作や先端医療技術を、「生命倫理」問題化した。

この問題の核心は、身体と胎児は「自己」の所有物か否か、という問いにある。所有物だとしない限り、「操作」も「医療」も市場における取引関係に入ることはできないからだ。

というよりも、身体を所有物だと考えてこそ、私的所有の概念が成り立ち、市場を形成しうるのである。その上で、自分の身体行為（労働）の結果を所有物と考えることができるのだ。胎児もその考え方の延長として「親のもの」とされる（生まれた子供に対する親権にしても、本質は所有権である）。

しかし、「所有」概念がそもそも制度化された虚構にすぎないとすれば、事は一目瞭然、身体にしろ胎児にしろ、「自分のもの」という考えは錯覚ということになる。

「自己」の思いどおりの身体には生まれてこない。望んだとおりには制御できない（病み、老いる）。「自己」の思いどおりには子供は生まれてこない、育たない。この時点で、所有物（思いどおりに処分できるもの、処分してよいもの）と考える根拠はない。「操作」と「医療」は、原理的に「自己」の思いどおりにならないものを思いどおりにしようという錯誤である。

だからといって、本書は「操作」「医療」を否定しようというのではない。「操作」「医療」を所有と取引の関係、すなわち「商品」化とは別の、少なくともそれを制限する社会関係に移すべきだと、考えるのである。

それはすなわち、身体や胎児を「自己のもの」という所有のアイデアから除き、「他者に課せられた自己に当面帰属するもの」として捉え直すことである。「当面帰属するもの」とは、「預かりもの」または「借りもの」ということである。つまりそれは「勝手に処分できないもの」の謂《い》いである。

すると、本書の立場ではまず、身体や胎児は、それが帰属するとされる「自己」（親）と帰属の在り方を規定する「他者」（社会）の関係性の中に、「預かりもの」「借りもの」として置かれるべきだ、と考えることになる。

そう考えると、身体と胎児は、その在り方が「所有」の錯覚によって毀損されてはならない。損なわれてはならない。その上で、預かり主・借り主にも、利益がもたらされなければならない。そういう利益をもたらすことが、預かられ・借りられた当のものの存在を最も充実させることになる——こう考える文脈に「操作」と「医療」は入れられなければならない。そこに「自己」と「他者」の合意がなければならない。

たとえば、ある重篤《じゅうとく》な遺伝的障害が見込まれる胎児をある操作を行うことによって治癒させることができるとすれば、その操作技術は高度に「商品」化されてはならない。公的規制の下におかれて、原則すべての胎児に実施可能なように制度設計されなければならない。

商品化は基本的には所有関係を前提にしている。胎児を親の所有物と考えるなら、技術を自由に商品化し、親の需要に応じて供給すればよいだけの話である。

しかしながら、これが「預かりもの」「借りもの」だとするなら、単純な需要—供給関係の中で技術を商品化してはならない。預かり主も預け主も、自らの一存で対象（胎児）を恣《し》意《い》的に操作することはできない。一方は預かっているだけであり、他方はいま預けているだけなのだから。

また、この技術を受けられない事情のある胎児の場合は、その生存と成長が公的に保障され、単に預かり主（「親」）の負担になってはならない。預け主の方にも応分の負担をする義務があるだろう。

かくして、それが所有の対象ではなく「預かりもの」ならば、預かる「自己」と預ける「他者」（この場合、「親」たる「自己」の在り方を規定する存在＝共同体）の合意において、当の胎児をよりよい状態にしていくことこそ、双方の、そして胎児の利益である。

そうでなければ、「操作」も「医療」も許容されるべきではない。

もし、これらを無制限に「所有」や「取引」の対象にすれば、どういう事態が惹起《じゃっき》されるか、誰でもおおよその見当はつくだろう。それは身体や胎児の勝手な「デザイン」や思い込みの「改良」にいたる、「所有」という錯覚の極限的事態である。かつて「授かる」ものであった子供は、その後「つくる」ものになったが、今度は「注文する」ものになるのだ。

これは要するに人間が人間をペットや家畜にする事態であり、この時点で、これまで我々の社会と時代を支えてきた「人間」概念は最終的に無効になるだろう。その先に何が起こるのか誰にもわからないし、「人間の終わり」に対しては、無論いまこの時点では何の準備もできていない。

不貪淫（性欲に溺れない）

この戒は、出家僧侶と在家信者とでは意味が違う。出家僧侶の場合は、快感を伴う性行為そのものをしないことであり、本来は自慰まで含む。在家信者ならば、属する共同体で承認された婚姻関係以外の性行為をしないことで、端的に言えば「不倫」をしないという意味である。

在家信者において「不倫」が問題化するのは、人間が集団において、特定のペアの継続的な性関係の相互独占を承認し、その中で繁殖と子育てをするシステム、すなわち「家族」を発明したからである。この家族において、原型的「自己」は課せられる。

したがって、「不倫」は「家族」を危機に陥れ、子に与えられるべき「自己」の安定を大きく阻害する。と同時に、その不安定さは、「家族」を規定する共同体の秩序の動揺と混乱を招く。

ということはつまり、在家者への戒は所詮、社会道徳の埒内に収まる問題であり、仏教プロパーの倫理問題ではない。

仏教における倫理的行為として問われるのは、出家者の戒、つまり性行為の否定の方である。

このとき、問題が単なる性的快感に尽きるのであれば話としては矮小《わいしょう》であり、馬鹿げている。

たとえば、禁止の対象として自慰行為にまで踏み込むと、生活全体の非常に注意深いコントロールが必要で、相当のエネルギーを費やさなければならない。

そんなことをするくらいなら、むしろ、露骨に言えば、出家した（つまり独身の）僧侶が、自慰するなり、不倫以外の「後腐れない性的関係」を巧妙に作り上げるなり、「ほどほどに」していれば、その方が日常の心身の安定には好都合だろうと考えても、あながち間違いではないだろう。食欲や睡眠欲を適当にコントロールするのと、何が違うのか、ということになる。

食欲と睡眠欲の極端な制限は、仏教が意義を認めない「苦行」に他ならず、ならば、性欲の場合も同じだろう。そういう「苦行」の強調は、煎《せん》じ詰めれば「これだけ我慢できたぞ、偉いだろう」という自己顕示欲が正体であり、そうならば、「これだけ持ってるぞ、偉いだろう」という所有欲と同然で、態度として幼稚である（「苦行」が超越的存在にコミットする方法として使われるなら、その強調は、苦行者の「超越的意味」の誇示だろう）。

性欲は、快感だけの問題ではなく、それが根本的な問題でもない。所詮、本能的な充足が根本にある食欲や睡眠欲とは決定的に違い、性欲は、直接、他者と関係する。ここが問題なのだ。

一つには、性的関係が、人間関係を複雑にして、僧侶の修行を損なうことである。人間の性的関係は、動物の本能的な性行動と異なり、相手の性的関係を独占し、さらに対人関係全体を支配する欲望を生み、結果的に相手に強く執着する場合が多々ある。

このことは、事実として、修行の障害となろうが、さらにその修行の思想的前提である、「無常」や「空」の考え方に、明らかに背《そむ》く。「執着」は、対象が「変わらないもの」と考えない限り、無意味だからだ。

ならば、執着しなければよいのか？　いわゆる適宜に選択された「刹那《せつな》的な関係」を繰り返すなら、構わないのか？

先の「快感」にしろ、いま述べた「執着」にしろ、事が感覚や感情の問題なら、所詮はコントロールの仕方の問題であり、善悪とは関わらない以上、「不淫」の倫理的根拠にはならない。

これを本書の考える仏教の観点から問うなら、性行為が本能的欲求に根ざすにしても、人間の場合、動物とは次元が異なり、「他者に課せられた自己」という在り方をめぐる欲望に変質していることが問題なのだ。

すなわち、在家ならぬ出家の不淫戒の核心的意味とは、「他者が課す自己」という構造において、もはや「自己」を誰にも課さない、という意志、つまり、子供を持たない意志なのである。

これは、子供を持つと修行に専念できなくなるからダメだというような、実際の問題ではない。だったら、子供を持たなければ、性行為をしてもよいだろう、という話になってくる。そうではなくて、子供を持たない「意志」の貫徹として、「性行為をしない」決意があるのである。

このとき、「子供を持たない」という決意の核心的意味は、もはや自分は「自己を課す」立場（親）にはならない、ということである。

では、修行者が子供を持たない意志、すなわち「自己」を課せられた者が、自ら「自己」を課すことをしないという意志は、どのような仏教的意味を持つのだろうか。なによりも、それは果たして「善」なのか？

社会道徳において、子供をつくらないという決意は、昔なら批判の対象であったろうが、現在は状況の変化によって、善悪を問われまい。

しかし、本書のごとく、「他者に課せられた自己」を受容するか否かという選択において善悪を根拠づける立場によるならば、この「自己」を課すことの否定は、「自己」の無意味を主張することになり、受容の否定につながって、結果的に「悪」となるのではないか？

違う。たとえ、この戒が「自己」の無意味を主張したとしても、受容の是非とは問題が別であり（課す者と受容する者は常に別人）、その主張そのものも善悪とは関わらない。善悪はその「自己」を受容するか否かだけにかかっている。ということは、つまり、不淫の戒は善悪に関わってはおらず、倫理的ではないことになる。どういうことか。

ここで「自己」を課すことの否定が意味しているのは、倫理の存立が無根拠な「生」の選択と「課せられた自己」の受容にかかっているという、「諸行無常」の極限的状況それ自体である。

「自己」存在の無根拠さを最も端的に言うなら、「自己」は存在しないこともありえた、ということであろう。「自己」は存在したが、まったく同じ確率で存在しないこともありえたのだ。この違いには何の根拠もない。それはつまり、「自己」は「他者」に課せられないこともありえた、ということである。

ならば、「自己」がありえなかったという事態を、つまり「他者」が「自己」を課さない事態を、「自己」において指し示す具体的行為は、自ら誰にも「自己」を課さないという方法による以外にはない。

したがって、この戒は倫理的ではない。「生」や「自己」の肯定を意味しない。倫理の根拠に倫理はない。倫理は、無根拠な選択という、倫理の外から来る。この戒は、そのことを剝《む》き出しにして見せるのだ。

倫理が人間の行動規範の問題である以上、倫理の根拠が倫理の内部にあれば、それは人間の内部にあることになり、ならば時々の社会的条件に左右されて、道徳と区別することができない。したがって、道徳の在り方を超える倫理の「普遍性（行為の選択が、いつでもどこでも、「自己」という在り方において決せられること）」の根拠は倫理の外側になければならず、それ自体は倫理的でありえない。

一神教なら、倫理を基礎づける「絶対神」それ自体は、善悪と無関係である（あるいは、それを超越する）。人間による善悪判断の対象にならない。そのことが「神」の絶対性なのだ。善悪の発生は、「神」の人間に対する一方的「啓示」によるか、さもなくばその「神」を信じるか否かという人間の側の決断以後である。つまり、倫理的であることは、それ自体、すでに危機的であらざるをえない。

もしそうだとすると、仏教の説く修行の極点、ニルヴァーナの非倫理性（＝非人間性）も明らかになる。

「善悪」の在り様が「自己」の根拠無き受容という困難にかかっているというなら、それは「自己」自体が解消されない限り、困難として続く。ならば、「自己」を消し、「善」も「悪」も成立しないようにしてしまえば、問題は根本的に解決する。

つまり、仏教のテーマが「自己」の克服だとするなら、その倫理的意味は、善行を勧奨し悪行を抑止することではなく、「善悪」の無化にあるのだ。「自己」が解消された結果たるニルヴァーナは、善悪の外に出る。

換言すれば、仏教の倫理的究極は、人間による善悪の絶対的区別を確立することではなく（人間に適用することのできる「絶対の区別」なぞ、妄想にすぎない）、「自己」と「倫理」の消去によって実現する。

したがって、「不淫戒」の根本的な意味は、「倫理の根拠」が、まさに「人間」に関わらないことにおいて、すなわちその非倫理性において、普遍性を確保しているという、極限的状況の明示にあるのだ。

「人間」に関わる一切は普遍的ではない。「無常」とはそういう意味である。すなわち、「自己は存在しないこともありえた」ことと、「自己は解消されるべきであること」、その非倫理的状況の明示が、「無常」の立場において善悪を説く仏教には必要なのである。

不妄語（嘘を言わない）

「自己」という存在様式の困難が「他者に課せられた存在」という根源的な矛盾にあるというなら、その矛盾の根本は、絶対的な「他者」の「わからなさ」である。

我々は「他者」が絶対的にわからない。この場合、「絶対的に」とは、まったく何もわからない、ということではない。まったく何もわからないなら、それは「わからない」という結論が出るわけだから、それ自体ひとつのわかり方である。

「絶対的わからなさ」とは、そうではなくて、わかるときもあれば、わからないときもあり、わかったと思っていたら、またわからなくなったり、その逆もあるという、どこまでがわかり、どこまでがわからないか、それがわからないということなのである。だからこそ、人間は嘘をつくことが可能であり、人を裏切ることができるのだ。

とすると、「自己」を課す「他者」が「絶対的にわからない」ということは、それはつまり騙《だま》され裏切られることが、「自己」の存在条件に含まれているのだ、ということである。

我々は、「他者」から言語を通じて「自己」を受け取り（まず、命名されるだろう）、「他者」に対して「自己」を構成し（あらゆる局面において、「私は」と言わねばならないだろう）、その在り方を承認されなければならない（「私」という誰でも使う言葉が、まさにそのときその場で、ある特定の人間を指示していることを理解されねばならないだろう）。

このとき、騙す、裏切るとは、「他者」に課せられたはずの「自己」が、課している当の「他者」から否定される事態である。「私だ」と思っていた存在の仕方が突如「私ではない」ことになるのだ。

「恋人」の裏切りとは、その人間に課せられた「自己」の存在様式としての「恋人」であることの、全否定である。詐欺とは、ある経済関係において「他者」から受け取った「自己」の立場（在り方）の、全否定である。

「自己」は、恒常的にそういう事態が起こりうる危機の中にあるのであって、だとすれば、「他者」が発する言葉や取る態度に対して、「自己」はそれを受け容れて、これまで通りの「自己」であり続けるかどうか、そのたびにその場で、賭け続けていることになる。

「自己」という存在はそれ自体に根拠を欠いている、すなわち無常であると私が主張するとき、直接的に見てとれるのは、この危機的状況である。

したがって、「嘘をつく」とは、「他者に課せられた自己」という実存様式の破壊行為なのであって、その意味では傷害や殺人に匹敵すると言えよう。

とすると、「不妄語戒」の核心的意味は、「他者に課せられた自己」という存在構造を護持することであり、単純な「正直さ」などではない。だからこそ、仏教経典においては、明らかな「嘘」が如来の教導の「方便《ほうべん》」として是認されることがあるのだ。つまり、結果として「自己」が存在として充実する場合には、「嘘」が「方便」として許されるのである。仏教でいえば、困難な修行の便宜となるなら、あるいは「善」を行い「悪」を斥ける倫理的実践に資するなら、「嘘」は「方便」となりうる。

初期仏教の戒律を見ると、「嘘をつかない」とは、僧侶が、神通力が無いのに有ると偽って、信者から利益を得るような行為をしないことを言う。

この場合も、問題は「神通力」なるものが有るか無いかは、持っていると主張する本人以外に知りようがないことである。つまり、他者による検証ができないことであり、それが「神通力」の「神通力」たる所以である。

もし「神通力」が他者により検証可能なものであるとすれば、要するに他者にもその能力が有るということになる（霊魂が見えるという主張を検証できるのは、検証として通用する程度の人数に霊が見えているときだけである）から、それは、ただの一般的「能力」にすぎないことになる。

つまり、「神通力」は「他者」の絶対的「わからなさ」そのものに依存し、同時に「わからなさ」を象徴する能力なのである。この意味において、「神通力」にかかわる嘘は他の嘘と性質を異にしている。「神通力」についての嘘は、そもそも原理的に、あるいは定義上、検証不可能なのであって、要するに「バレ」ようがないのだ。「神通力」を疑うことは可能である。が、その不在を証明することは決してできない。

だから、偽ってそれを乱用すると際限が無くなるのであり、「自己」に対して極端に破壊的なダメージを与えうる。仏教がその最初からこの嘘を禁止する所以である。

不酤酒（酒を売らない）

酒を売らないと言うなら、飲むのはよいのかという話に当然なる。そもそも上座部の戒律は不飲酒になっている。また、大乗仏教においても、僧侶の基本は不飲酒におかれている。にもかかわらず、なぜ「飲まない」より「売らない」の方が大乗戒では強調されるのだろうか。

酒を禁止する理由はひとえに酔う、酔わせるからである。飲んでもまったく酔わないなら、牛乳を飲むのと一緒で、何の問題もない。

ならば、酔うとはどういう状態か。酔いの何が問題なのか。それは自己反省能力を麻痺させるからである。その自己反省能力の根本は、自己と他者の関係を意識することである。

とすれば、「酔う」とは「他者に課せられた存在」としての「自己」の在り様を忘却することである。ならば、「酔いたい」という欲望は、この「他者に課せられた自己」という矛盾に由来する困難を放棄したい、ということである。

だとすると、困難な「自己」自身が放棄に逃避する心情は察せられても、その心情につけ込んで「課す他者」が特定の利益を目的に「課せられる自己」を放棄させる行為は許容できない。「嘘をつくこと」が「他者」による「自己」の破壊行為だと言うなら、「酔わせること」は「自己」の抹消行為である。

このように考えるならば、「酔い」はそれ自体においては深刻な問題ではない。つまり、

「自己」放棄が短時間に一時的にしか起こらないなら、それは快感を味わう一種の遊戯だからだ。問題は、「酔い」への習慣的執着であり、「依存症」である。

「依存症」を脳神経系の生理的・物理的現象として捉えることは当然の理屈であろうが、なぜそういう現象が脳に発生するようになるのかを考えると、自《おの》ずから別の見方が必要になる。

人間は自分ひとりではそう簡単には「依存症」状態になることはできない。ひとりでなれるのは「酒好き」である。「依存症」状態は、単純な物質への執着ではなく、依存当事者の「自己」―「他者」関係の深刻な不調に由来すると思われる場合が多々ある。

彼は何よりもまず、不調に陥った「課せられた自己」を、ともかく忘れたい、放棄したいのであり、「自己を課す他者」から、心理的にできるだけ遠くへ逃亡したいのである。したがって、飲み物としての酒が必ずしも好きでなくても、「アルコール依存症」になるケースがあるのだ。

その症状は、「自己」の存在の仕方として、慢性化した孤立感や不安感に囚われ、自己嫌悪や罪悪感を根深く植えつけられた状態に陥る場合が多い。

とすると、事は酒だけの話ではなくなる。「自己」忘却の欲望に応えるものは、他にもいくらでもあり、その中には影響が酒よりも大きいと思われるものも多々ある。ギャンブル、セックス、薬物、買い物、自傷、摂食障害、などなど。

これらへの「依存」が「自己」存在の問題であるなら、「課す他者」は「課せられる自己」をそのような状態に追い込んではならないし、その状態がさらに深刻化するような立場にあるべきではない。

さらに仏教の立場から強く主張しておかなければならないのは、思想と宗教の「酔い」である。

この「酔い」はしばしば「洗脳」と呼ばれる。要は、特定の考え方・信仰が自己反省能力を喪失させてしまう事態である。「他者に課せられた自己」という構造が、「他者」の肥大によって破壊され、占拠されてしまい、「飲み込まれる」のだ。

このとき最大の問題は、思想的「酔い」が倫理を無効にする点である。先述したとおり、倫理は個々の状況における「他者に課せられた自己」の在り方にかかわる。

思想的「酔い」、すなわち「洗脳」は、他の依存症的「酔い」がとりあえず「自己」忘却にとどまるのと異なり、倫理が課題とする「自己」の在り方を破壊してしまう。「自己」は「他者に課せられた自己」ではなく、「他者である自己」になる。自他の関係を問う視点は消去され、善悪判断の実際の主体は「他者」になる。ならば倫理として無意味である。いざ行為の責任を問われたとき、「命令されたとおりにやった」と素直に言う被洗脳者に、倫理は機能していない。

したがって、とりわけ「洗脳」を問題にするならば、「酒を飲む」より「酒を売る」こと、つまり「酔う」より「酔わせる」ことが重大視される。「洗脳」行為においては、される側（酔う側）よりもする側（酔わせる側）に大きな責任が生じるのは当然だろう。修行者は酔わせる者になってはならない。

不説在家出家菩薩罪過（僧や信者の罪や誤りを非難しない）

人に「罪」や「過誤」があれば、それを糾《ただ》すのが当然だろうと、一般には思われる。それは仏教者でも例外ではないだろう。それが普通の感覚である。

ところが、戒はそう言わない。なぜなら、この一文が問題にしているのは、イデオロギーだからである。ここで言うイデオロギーとは、人間の判断と行動の根拠となり、それらを拘束する考え方や言説の体系である。

「罪」や「過誤」という概念は、何らかの「正しい」とされるルールの存在を前提として成立する。このとき、その「正しさ」を保証する考え方がイデオロギーである。

したがって、このイデオロギー自体が「正しさ」を保証する確実な根拠を持たなければならない。だが、それは不可能である。

「自己」が「他者に課せられる」という構造を持つ以上、イデオロギーも「他者」に媒介され「自己」にもたらされる。

このとき「他者」の内部に、イデオロギーの根拠など置けるはずもない。なぜなら、「他者」も「自己」として存在する以上、イデオロギーは別の「他者」に引き渡されて、無限に遡及《そきゅう》するからだ。

すると、この遡及を打ち止めにするためには、根拠は「他者」の外側に出なければならない。その外は、一神教なら「神」だろうし、仏教ならば「無常」である。

そうだとすると、一神教の場合、人を裁いたり矯正したりする確実な権能を持つのは「神」だけだということになるし、「無常」だと言うなら、そもそもイデオロギーそれ自体に根拠は無い、という結論になる。だが、根拠の無い考え方で、人が人を裁くべきではないだろう。

結局この戒が言いたいことは、「罪」や「過誤」を裁いたり矯正したりする行為からイデオロギーを切り離せ、ということである。「自己」たる人間が、「罪」や「過誤」を確実な根拠に基づいて糾弾することはできないのだ。

まず考えるべきなのは、「他者に課せられる自己」として存在し、共同体内存在である我々は、共同体を維持するルールや手続きを必要とするという事実である。そして、その「必要」そのものは「正しさ」とは関係がない。

すると、ある共同体が、必要に応じて一定の条件でルールを制度化したならば、それに対する違反や逸脱を、出来上がった制度は許さない。この「許さない」が「懲罰」という行為であり、「矯正」である。

したがって、ルールの制度化以前には、「懲罰」する根拠も意志もありえない。たとえば、仏教の戒律には、飲酒の禁止はあってもタバコの禁止はない。戒律を制定した時代に、インドにタバコが無かったからである(飲酒に対して厳格な上座部の僧侶も、ものすごい勢いでタバコは吸う)。僧団がタバコを禁止しようというルールを持たなければ、罰しようがない。罰しないなら、それは「罪」ではない。

すなわちあくまでも、「罪」の成立は「懲罰」の後なのである。「過誤」が生じるのは「矯正」の後である。「懲罰」する意志が「罪」を成立させ、逸脱に対する「矯正」の決意が「過誤」を生み出す。あらかじめなんらかの確実な「正しい」アイデアがあり、それを前提に「罪」や「過誤」が規定されるのではない。

また、「罪」「過誤」は、往々にしてそう思われるような、倫理の問題でもない（倫理の問題は善悪である）。そうではなくて、制度やルールの正当性の問題なのだ。「罪」や「過誤」が、暫定的な共同体の制度に規定されるものでしかないのなら、その処理は、とりあえずは制度の手続きに任せるべきなのであって、個々の人間がイデオロギーを振りかざして介入すべき筋合いではない（そういう介入は「リンチ」と呼ばれる）。「自己」には「罪」や「過誤」を糾す根拠がもともと欠けているのだから。

我々が問うとするなら、問うべきなのは個々の「罪」「過誤」ではない。それらは、個々の共同体において機能する司法的機構の役割である。「無常」の立場が問うとするなら問うべきは、「罪」と「過誤」を構成する「懲罰」「矯正」制度の合理性と有効性、その根拠と成立条件である。

たとえば、「死刑」という懲罰は、なぜ正当性を持つのか。人種や民族など出自に関わる差別発言は、「表現の自由」の取り違えではなく、「基本的人権」が保障しうる範囲内のことなのか。この問いかけを根底から発することが、イデオロギーの徹底的な相対化を行うことなのだ。

不自讃毀他（自分を賞賛せず、他人を誹謗しない）

この戒が問題にするのは、ナルシシズム、自己愛である。

アニミズムならともかく、「自己」の実存を根底から問うタイプの宗教は、人間を肯定しない。ヒューマニズムではありえない。したがって、当然、自己愛とは相容れない。仏教が「無明」を言い、キリスト教などが「原罪」を言う所以である。

自己愛の根本には錯覚がある。人間は「自分であること」それ自体を愛することはできないからだ。

人は何なのかわからないものを愛することはできない。「んｖふぉんぷ９ｑｂ」を愛する、などということは不可能だろう。

同じように、我々は「自分とは何か」を知ることが原理的にできない。そもそも「自分とは○○だ」と答えても、「自分」とは違う「○○」を「自分」に結びつけるだけだから、埒があかない。その上、知ったとたんに「知られた自分」と「知る自分」に分裂して、問うべき「自分」が無限に増殖してしまう。

「自分を愛すること」がもしできるとすれば、それはある倒錯を利用する場合である。すなわち、「自己」は「他者」との区別でしか成り立たない以上、他者をひたすら憎悪し攻撃することで、それを「自己愛」の代償行為とするのだ。

ある種の「無差別殺人」犯には、この手の倒錯の果てに事件に至ったのではないかと思われる者がいる。

幼児期の全能感が、適切な他者との関係を形成できなかったために解除されず未熟なままでいる「自己」には、「他者」とは自分の全能感を毀損《きそん》する者としか見えないだろう。ならば、この「他者」の徹底的な排除を通じてしか「自己」を維持できないわけである。

ただ、このような事例は存在様式として乳幼児や動物に近く(知的には年齢相応でも)、倫理的判断を可能にする前提が失われてしまっている。

普通の人間は他人を理由なくやみくもに憎悪したり排除したりすることはできない。ということは、自己愛にもなんらかの理由や根拠が必要だということだ。なんらかの理解可能なもの(観念)を自分に持ち込んで、それを根拠として自分を愛するのだ。

それは、たとえば、容姿、才能、家柄、財産、人脈(人気)、出身地(郷土)、学歴、職業、地位、会社、民族、国家、等々であろう。

ところが、これらを根拠にすることには大きな矛盾がある。なぜなら、容姿から国家まで、例に出したすべての根拠は、自分以外の他人から欲望され羨望され評価されない限り、無意味だからだ。我々は誰からも欲望されないもの、すなわち無価値なものを自らの存在の根拠にすることはできない。ということは、ナルシシズムは、根本的に「他者」を必要とし、「他者」に依存しているのだ。

にもかかわらず、ある根拠はその他の根拠との区別でしかないから、先にも述べたように、ナルシストは、潜在的あるいは原理的に、他の根拠によって自己肯定している「他者」を否定していることになる。ナルシストは、「他者」に依存しながら「他者」を否定するという矛盾を抱え込んでいるのだ。

この矛盾が先鋭化すれば、ナルシシズムは最後には自己破壊的に作用するだろう。たとえば、自分を誰よりも偉いと感じている人間は、「誰よりも」という意味で「他者」に依存している。なのに、「偉い」がゆえに簡単に「他者」を否定することもできる。ところが「他者」を否定すれば「他者」は失われ、「偉い」根拠を失って、自己否定に至らざるをえなくなる。

不慳法財（教えと財物を惜しまない）

物を惜しむ、吝嗇《りんしょく》であるということの意味は、すでに「不偸盗」の項でも述べた所有行為そのものへの固執である。つまり、「所有」という幻想への執着である。これは、使用目的に規定された必要品を確保しようとする「節約」とは意味が異なる。戒はその「所有」行為自体への執着を断ち、幻想から脱却する意志を表している。

「他者」から欲望されるものを「自己」に抱え込みつつ、「他者」に与えないという行為は、結局、所有の意味が「他者」に由来することに無知なまま、物の所有が「自己」それ自体を根拠づけると錯覚しているのである。

たとえば、「秘密の教義がある」と吹聴する宗教者は、その秘匿《ひとく》によって自分の権威を認めさせようとする。しかし、これは馬鹿げた倒錯である。

なぜなら、教えは、他者に伝達されて意味を認められない限り、「教え」にならないからである。「教え」は公開され、伝達されてはじめて、「教え」たりうる。万人に必要とされる「教え」こそが重要なのであり、一人ないしその周辺にしか伝わらないなら、大多数にはどうでもよいこと、要するにほとんど無意味なのだ。

同様に、「所有物は誰にも与えない」という態度は、それによって「他者」から「自己」

を切断し、所有物を「他者」の欲望の対象とし続けることで、「自己」を根拠づけようとすることである。

ところが、贈与も売買も交換もされず、ただ「自己」に所有されるだけの物は、それ自体が無意味である。決して「他者」と関係しない物は価値を喪失する。「意味」や「価値」の正体は、人間の関係形態だからだ。

たとえば、「コップ」の「意味」とは誰かに「コップとして使われる」ことであり、「花」の価値とは誰かに愛《め》でられることにある。嫌われ引き抜かれる「花」は「雑草」、すなわち無「価値」だろう。

不瞋恚（怒らない）

怒りという感情や行為は、それが発現する不可欠な条件として、怒りの当事者が、自分の考えが正しいと確信していなければならない。さらに、その確信によって、怒りの対象である「間違っている他者」の在り方を、「自己」のアイデアどおりに変えようとする。これは、「自己」と「他者」を厳しく峻別《しゅんべつ》する態度である。

なぜそうなるのか。「正しさ」という、むしろ理性的あるいは論理的態度から帰結する観念が、どうして「怒り」という感情の爆発を生むのか。それは、ある考え方や行動の「正しさ」の根拠が、同時にそのように考え振る舞う「自己」の在り方を肯定する根拠として、機能しているからである。つまり、自ら「正しい」と確信する考えや行動を否定されることは、「自己」の存在を否定されることとなのだ。

したがって、「自己」を否定する「他者」を否定しない限り、「自己」を肯定することができない。これが「怒り」の発現である。

すでに述べたとおり、「無常」の考え方から言えば、「正しさ」を確実に根拠づけるものは何もない。だからこそ、「正しさ」の主張は、「他者」の否定を根拠として代用するしかないのである。

実際には、「他者に課せられた自己」という存在の構造においては、すべてが「他者」に媒介されて「自己」へともたらされる。そうである以上、「正しさ」も、「自己」あるいは「他者」のどちらかに一方的に帰属しうる観念ではない。

「正しさ」とは、特定の共同体において妥当あるいは好適とされる「自己」と「他者」の関係様式のことであり、その共同体の構造が規定する手続きによって、「正しさ」が決まる。

ということは、「自己」と「他者」の関係において、ある矛盾や相克が発生した場合、その問題の解決は、関係性の調節にあるのであって、怒る「自己」が一方的に「他者」に屈服や従属を強いることではない。「盗人にも三分の理」とはこの意味である。

たとえば、「オレは何も聞いていない」と上司が激怒する場合、彼は「報告されるべき立場にある自己」を部下に無視されたり否定されたりしたと感じているのだろう（「プライドが傷つけられた」状態）。

すると、単に「報告されることの当然性・正当性」を脅迫交じりに主張することは、「他者」との関係性を度外視した、錯覚的で無意味な「自己」主張にしかならない。

なぜなら、この問題の解決は、上司が「報告されるべき立場の正当性」を部下に強引に認めさせるようなことではなく、第一に「報告が無かった、できなかった」状況を分析して、その理由を除去することにあるからだ。そして次には、部下が「報告の必要性を納得する」ことによって意思疎通が円滑になり、業務が改善されることであるはずである。

それはすなわち、会社の運営体制における、情報流通をめぐる「自他」関係の調整なのだ。重要なのは上司の主張の「正しさ」ではなく、「職場」共同体の関係の妥当性なのである。

すると、そもそも「怒り」は多くの場合、問題の解決には無益だということになる。「怒り」の極めて限定的な有効性は、問題の所在を刺激的な方法で一挙に明らかにすることだけである。ただし、この方法では、問題の具体的な様態を知ることはできないし、むしろこの感情は状況の冷静な把握を阻害する。したがって、問題の解決には「怒り」は不要であり、無い方がよいのである。

不癡謗三宝（如来・教え・僧侶集団を愚かにも誹謗しない）

この戒が、教えを拠り所にするという意味での「帰依」行為における、基本的実践になる。本書においては、「他者に課せられた自己」を自覚して、それを引き受け直す決断の、これが起点となる行為である。

道元禅師が『正法眼蔵』で提示する戒には「三帰依」が条項として含まれているが、本来の大乗戒と「三帰依」は別物である。

したがって、大乗戒においては、この最後の戒が「帰依」を意味することになるし、戒成立の根拠となるものであり、したがって、「十重禁戒」中最重要のものなのだ。

単純に考えれば、仏教の修行僧や信者が三宝を誹謗するわけがないと思うだろう。しかしながら、問題なのは、「誹謗」がどのような行為なのか具体的に明らかではないことである。

たとえば、「正統」教義の信奉者にとっては、「異端」者の主張はそれ自体が「誹謗」と解釈されるかもしれない。

しかし、「正統」か「異端」かは、それを問題にする共同体の権力関係で決まるにすぎず、それ自体はいかなる根拠も持たない。「異端」とされた教義が、諸条件の変化で「正統」化する可能性は、決して排除できないだろう。

したがって、この戒でいう「誹謗」は、三宝の内容に関するものではないと考えるべきである。つまり、時と場合によっては変わりうる、如来という存在の受け止め方、教えの意味、僧侶集団の行動様式などの是非の問題ではないのだ。そうではなくて、三宝の存在そのものを否定する行為である。それは「帰依」の対象の否定であり、「仏教修行者」として「自己」を受容し直すという賭けを不可能にすることになる。

十重禁戒の最後にこの戒が位置するのは、戒全体を成り立たせる土台としてこれが不可欠だからである。『正法眼蔵』に提示される戒が、「三帰依」を冒頭に置くのは、十重禁戒の核心たるこの戒の意義を十分に汲み取った結果と言えるだろう。

以上、戒律の項目を材料に、善悪問題を検討してきたが、ここでもう一つ、問題を考えておきたい。それは「懺悔《さんげ》」という行為の意味である。これは宗教的に「悪」を自覚する行為様式であり、これを検討することは、「自己」が倫理的実存として構成されるのに必要な条件を考えることに通じる。

「懺悔《さんげ》」という問題

通常「懺悔」と言う場合、それは宗教共同体が定めるルールに違反した者が、その違反を「罪」として告白し、悔悛を共同体から認められ赦《ゆる》される一連の手続きのことである（キリスト教では「告解《こっかい》」などと言われる）。

したがって、当然、仏教ならば上述してきたような項目の戒を受けるか（「受戒」）、キリスト教なら「洗礼」を受けた後に、自ら受け容れた共同体のルールに違反しない限り、「罪」は成立しないし、「懺悔」も「告解」も不要である。

ところが、現在、私が所属する曹洞宗の儀礼では、「受戒」の前に、「懺悔」が位置づけられている。これは理論的にはおかしい。「受戒」しない限り、「懺悔」は不可能なはずだからだ。そもそも、上座仏教の受戒儀礼に懺悔はないし、儀礼を懇切に説示する『正法眼蔵』「受戒」の巻にも、「懺悔」は含まれていない。

ただ、インドの大乗経典には、受戒儀礼の中に受戒前の懺悔が出てくるものがある。また、儀礼に関する道元禅師の他の著作にも、受戒前の懺悔を持つものがある。

この事情を踏まえて、本書ではあらためて「受戒」前の「懺悔」の意味を見直しておきたいと思う。というのは、「自己」が倫理主体として確立するためには、この「懺悔」の位置づけが必要だと考えるからである。

本書においては、「自己」は、単に「自己である」ことから、「自己であることを引き受ける」決断をなすことにおいて、倫理主体に転換すると考えている。

では、この転換、あるいは飛躍を可能にするものは何か。「引き受ける」態度を何が呼び起こすのか。

「引き受ける」という決断は、「他者が課す」という行為があってこそである。つまり、「自己」が「他者に課せられている」という自覚がない限り、「引き受ける」ことは不可能なのだ。

とすると、「他者に課せられた自己」という存在構造に無自覚な状態、つまり単純に「自己である」状態を否定的に捉える契機がなければならない。

それは、本書においては、「自己の無根拠性」と称する状況であり、仏教で言えば、「無常」「無我」と説かれる状況である。そしてこのことの自覚こそが仏教の説く「苦」の核心的意味だと、本書は考える。

問題は、この「自覚」が「決断」へと飛躍するときの、いわば跳躍板である。本書が「懺悔」を位置づけたいと思うのは、まさにここ、「決断」への跳躍板としてである。つまり、自覚がなされた結果、自覚以前の状態を「否定されるべきもの」として確信する行為を、「懺悔」と考えるのだ。

それが「告白」を必須とするのは、「否定」するには、「否定」を可能にする価値意識が前提だからである。

およそ「価値」は共同化されない限り「価値」たりえないのであるから、ある「価値」の選択は、それを選んだことを「他者」に表明することによって完遂されなければならない。

「懺悔」は「受戒」同様、ある価値の受容を前提としない限り成り立たない。したがって、この時点で「否定の告白」が要件となるのだ。

『正法眼蔵』の「懺悔」観

これまで述べたような、単なる「戒律違反」と次元を異にする「懺悔」の考え方は、『眼蔵』の記述から読み出したものである。

『眼蔵』は「渓声山色《けいせいさんしょく》」の巻で「懺悔」についてまずこう言う。

「また、心《しん》も肉《にく》も、懈怠《けだい》にもあり、不信にもあらんには、誠心をもはらして、前仏《ぜんぶつ》に懺悔すべし」

この記述は、修行僧に対してのものであるから、当然彼らはすでに受戒は終わっている。だが、その彼らに説かれている「懺悔」は、「戒律違反」に関わる話ではない。そのような「懺悔」は修行僧として当然の義務であり、いわば常識なのだから、わざわざここで言及されるまでもないことだ。そうではなくて、『眼蔵』が強調しているのは、「懺悔」の実存的意味である。

この記述において「懺悔」は、心や肉体が、修行に対する怠慢や、教えへの不信感に囚われたときに為すべきものとされている。

このような怠慢や不信は、その根本に「無常」「無我」の自覚の劣化・退行があるはずである。

だからこそ、仏法に則る誠実な心をもう一度奮い起こし、「無常」「無我」の認識を新たにして、「前仏」すなわち釈迦牟尼仏《しゃかむにぶつ》とその前後に連なる如来や祖師に向かって「懺悔」せよと言うのである。

「恁麼《いんも》するとき、前仏懺悔の功徳力《くどくりき》、われをすくいて清浄《しょうじょう》ならしむ。この功徳、よく無《む》礙《げ》の浄信・精進を生長せしむるなり。浄信一現するとき、自他同じく転ぜらるるなり。その利益《りやく》、あまねく情・非情にこうぶ《(む)》らしむ」

いわく、このように「懺悔」すれば、その功徳の力が、自分を救い、怠慢や不信によって生まれる、仏法に違背する罪悪を清めるのである。そして、この功徳こそが、妨げられることのない信心や精進を可能にし、成長させるのだ。このような信心がひとたび現れるなら、そのよき影響は生き物やそうでない物を問わず、すべてに行き渡る。

ならば、「懺悔」はそれ自体、「帰依」の反復を意味する。だから、続けてこう言う。

「その大旨《だいし》は、願わくはわれたとい過去の悪業《あくごう》おおくかさなりて、障道《しょうどう》の因縁ありとも、仏道によりて得道せりし諸仏諸祖、われをあわれみて業累《ごうるい》を解脱《げだつ》せしめ、学道さわりなからしめ、その功徳法門、あまねく無尽法界に充満弥淪《みりん》せらん。あわれみをわれに分布すべし」

つまり、懺悔の最重要の意味はこういうことである。懺悔によって願わくは、自分がたとえ、これまで積み重ねてきた多くの悪業によって修行の道を妨げられているとしても、仏法を悟られた如来や祖師方よ、自分に慈悲を及ぼして、その悪業から解き放ち、仏道を学ぶことに障害のないようにしてほしい。そのような懺悔の功徳と教えによって、あまねくすべての世界に満ち溢れる大慈悲を自分にまで及ぼしてほしい。

こうなると、「懺悔」は修行を構成する不可欠の力ということになる。

すると結局、「懺悔」の意義はこう総括される。

「仏祖の往昔《おうじゃく》は吾等なり、吾等が当来は仏祖ならん。仏祖を仰観《ぎょうかん》すれば一仏祖なり、発《ほっ》心《しん》を観想するにも一発心なるべし。あわれみを七通八達せんに、得便宜《とくびんぎ》なり、落便宜《らくびんぎ》なり。

このゆえに龍牙《りゆうげ》のいわく、
昔生《しやくしよう》に未だ了ぜざれば、今須《すべか》らく了ずべし。
此生《ししよう》に累生《るいしよう》の身を度取せよ。
古仏も未だ悟らざれば今者に同じく、
悟り了《おわ》れば今人も即ち古人。
しずかにこの因縁を参究すべし、これ証仏《しようぶつ》の承当なり」

如来や祖師もその昔は吾等と同じ凡夫《ぼんぷ》だろう。だとすれば、凡夫たる吾等も、修行を重ねれば、将来は成仏するはずだ。如来・祖師を仰ぎみれば、みな同じ覚者である。ならば、仏道への志を起こすときにしても、如来も祖師も吾等も、共に同じ志を起こすであろう。

このような如来の慈悲があまねく及んだならば、それは仏法を体得する頼りともなり、教えを納得する助けにもなろう。

だから、龍牙居遁《りゆうげことん》禅師は言うのだ。

「過去世に修行を完成できなかったなら、

今この世で完成させるべきだ。

この世の我が身の修行で、過去世で輪廻《りんね》を繰り返した自分を解脱させよ。

古の仏も悟らなければ今の凡夫と同じであり、悟ったならば、今の凡夫も修行を完成

させた先人と同じなのだ」

気持ちを静め、今述べてきた事情をよくよく研究修行すべきである。それこそが、仏とは何かを証明する修行を引き継ぐことなのだ。

こう述べる『眼蔵』における「懺悔」とはまさに、帰依の反復を促し、成仏を志す修行を賦活し続ける、孤独で際どい実践なのだ。

したがって、結論。

「かくのごとく懺悔すれば、必ず仏祖の冥助《めいじよ》あるなり。心念身儀発露《ほつろ》白仏《びやくぶつ》すべし。発露の力、罪根をして銷殞《しよういん》せしむるなり。これ一色《いつしき》の正修行《しようしゆぎよう》なり、正信心なり、正信身なり」

このように懺悔すれば、必ず如来や祖師の助けがあるのだ。だからこそ、心身を挙げて仏前に罪を自覚し告白すべきである。その懺悔の力は、かならず罪根を消し去る。これぞ、全実存を仏法に賭した修行であり、信じる意志であり、信じる行為そのものである。

つまり、『眼蔵』「懺悔」は、究極的には修行と信心それ自体として実現されるべきだと言うのである。

では、このような「懺悔」と「受戒」から開始される善悪の実践は、どのようになされるのか。それはすなわち、「自己」は倫理主体としてどう構成されるのか。次の問題はこれである。

Ⅲ　善悪の実践

「自己」が倫理主体になるということは、換言すれば、「自己」の意志と責任において、善を実行し悪を拒否する行為が選択されるということである。このことは、いかにして可能になるのか。以下に検討したい。

強制の装置

既に述べたごとく、善と呼ばれる行為は、「しなければならない」こととして現象し、悪は「してはならないこと」として現象する。ということは、現象の仕方自体に強制がある。

「他者が課す自己」という存在構造が根源的に矛盾であり、その受容が善を作り出し、その拒絶から悪が発生するとすると、受容は困難であり、拒絶は欲望される。ゆえに、その困難を克服し、その欲望を禁止するに足る力が必要なのである。

困難な行為を実行したり、欲望する行為を自らに禁じるのに通常、有効な仕掛けは利益誘導と脅迫である。もちろん暴力による強制という方法もあるが、「自己」の受容というケースでは使えない。他人から暴力を振るわれて「自分を好きになれ」と脅され、そのとおり好きになることは不可能である。

利益誘導と脅迫の基本構造は取引であり、取引を規定する論理は因果律である。たとえば、「絶対神の審判」は、まさに強制の力であり、神との契約を遵守すれば永遠の命を授かり、これを無視すれば地獄に堕ちるというシステムは、利益誘導と脅迫が基本的枠組みである。採用されている論理は「○○すれば（原因）××になる（結果）」という因果律に他ならない。

おそらく、善悪の問題に「神」的存在が引き合いに出されるとすれば、基本構造はどれもこの「審判」パターンと大同小異だろう。

仏教の特異性は、「神」的存在をすべて消去して、論理のみを剝き出しにすることである。が、論理それ自体は実践の強制力とはならない（論理だけで利益誘導や脅迫ができるわけではない）から、論理を実体化し、そこに具体的な力を設定して「因果の道理」に仕立て上げなければならない。つまり、「神」的存在が担保している力が「道理」に内在する（原因自体が結果を自動的に「引き起こす」）と考え、これを絶対化するわけである。

ただし、「審判」にしろ「道理」にしろ、ひとつ難点が生じる。

通常の経済的取引は個人の経験の範囲内で原因―結果関係が明白に認識される（これだけ支払ったら、これだけ手に入る）だろうが、善悪問題の取引は、そうならない場合が多々あるからだ。つまり、支払いの結果が想定外だったり、すぐに出ないケースが少なくないのだ。

大変な善行の人がまったく報われないのに、悪行が見咎められることもなく、大きな利益をもたらすケースは決して稀ではない。これは取引の信用性を大きく損なう事態である。

難点の解消は、「審判」の場合、ずっと後の最終「審判」にまで個々の結果が保留されるという理屈か、「神の意志は人間にはわからない」という議論の打ち切り宣告でなされる。

一方「道理」の場合には、取引期間を生前・死後の両極にまで引き延ばし、生前の行為が現世で結果する、現世の行為が来世に結果するというアイデアを持ち出す(すなわち、現世で生きている人間の知恵ではわからない)。

これらはいずれも「自己」の経験の対象外であるから、直ちに理解し納得できることではない。すなわち、「信じる」という態度で受容する以外にない。

意志の力

「無常」「無我」の立場からすると、善を選択し悪を拒否する力を「神」や「道理」に内属させて実体化するアイデアは採用できない。

では、実践する力は何が担保するのか。ここで紹介したいのが、歴史的人物としてのゴータマ・ブッダが語ったとされる以下の言葉である（パーリ大蔵経『増支部』）。

「比丘《びく》らよ、若干の沙門《しゃもん》（修行者）・バラモン（バラモン教の司祭階級）たちで、このように説き、このように見る者がいる。『この人間がどのような楽、あるいは苦、あるいは不楽不苦を感受しようとも、そのすべては前に為されたものを因としている』と。比丘らよ、若干の沙門・バラモンたちで、このように説き、このように見る者がいる。『この人間がどのような楽、あるいは苦、あるいは不楽不苦を感受しようとも、そのすべては自在神による創造を因としている』と。比丘らよ、若干の沙門・バラモンたちで、このように説き、このように見る者がいる。『この人間がどのような楽、あるいは苦、あるいは不楽不苦を感受しようとも、そのすべては無因無縁によっている』と」

この部分で語られているのは、ブッダと同時代の新思想と正統的・伝統的なバラモン教思想である。

「すべては前に為されたものを因としている」という考えは、いわば宿命論であり、すべては過去の行いによって定まっていると考える。ブッダ在世当時では、マッカリ・ゴーサーラに代表される思想である。

次の「自在神による創造を因としている」とは、ヴェーダ経典にもとづくバラモン教の思想にあたり、最後の「無因無縁」は偶然論になる。

これら三つの思想の本質は、人間の現在の在り方は、すでに過去の何ものかによって規定されているという、決定論である。偶然論にしても、まさに偶然に決定されているわけなのだ。

これに対して、ブッダは次のように反論する。

「私は彼等に対して次のように説く。『尊者たちよ。しからば、人々は前に為されたものを因として殺生者となるであろう。人々は前に為されたものを因として偸盗者となるであろう。人々は前に為されたものを因として非梵行《ひぼんぎょう》（梵行とは性行為をしないこと）者となるであろう。人々は前に為されたものを因として妄語者となるであろう。人々は前に為されたものを因として両舌《りょうぜつ》（二枚舌を使うこと）者となるであろう。人々は前に為されたものを因として悪口者となるであろう。人々は前に為されたものを因として綺語《きご》（真実でなく飾られた言葉）者となるであろう。人々は前に為されたものを因として貪欲者となるであろう。人々は前に為されたものを因として瞋恚者となるであろう。人々は前に為されたものを因として邪見（縁起の考え方を否定すること）者となるであろう』と（以下、「自在神」と「無因無縁」について同様の文章が繰り返される）。

しかも、比丘らよ、前に為されたものを堅実であると執《しっ》する人々には、『これは為されるべきことである。あるいは、これは為されるべきことではない』という意欲や努力がない。しかも、こうして、為されるべきこと、為されるべきでないことが、真実に確実に認知されないときに、失念して護るところなく住する人々には、各自で正当に沙門であると称することはできない。比丘らよ、これがこの様に説き、この様に見る、これら沙門・バラモンたちに対する、私の第一の正当な論破である（以下、「自在神」と「無因無縁」について同じスタイルの「論破」が続く）」

ここで、ブッダの反論の標的は、「宿命」「神」のように実体的に存在する何ものかが原因となり、結果としてある現象（「苦」「楽」など）を「引き起こす」とする思考である。このような決定論は、原因―結果関係をそれ自体で存在する原理として解釈している。引用文中「前に為されたものを堅実であると執する」と言われているのは、こうした実体化のことである。

しかし、「原因が結果を引き起こす」という考え方は虚構である。それは人間が思考するときの、原理的とはいえ、ひとつの方法にすぎない。何らかの現象を「結果」と認定するのは人間の思考であり、それに対して「原因」を設定するのも我々のアイデアである。どこかに「原因」それ自体や「結果」それ自体が実在しているわけではないのだ。だったら、ものは考えようである。「原因」の「原因」はいくらでも問うことができる。この問いの連鎖をどこで打ち切るかは、人間の思考の都合が決めるのであって、逆に言えば、それ以外には決めようがない。このことだけを挙げても、原因—結果関係の虚構性は明らかであろう。

この、虚構を実体視するという錯誤は、我々が努力によって善き存在に変わりうるというアイデアを否定することになる。ブッダが排斥するのは、まさにこの点なのである。文中に見る限り、ブッダは「因果」の考えを実体化する錯誤とは違う次元で考えている。

彼は、「因果」を実体であると錯覚すると、「これは為されるべきことである。あるいは、これは為されるべきことではない」と自ら考え、いま自分が為すべきことが何かを決定して実行する、「意欲や努力」を不可能にしてしまうと主張する。

ところが他方、「為されるべきことを自ら考え実行する」行為は、「因果」という考え方を使用しない限り、これまた不可能である。

ということは、ブッダは「意欲や努力」を不可能にする実体的「因果の道理」を排斥し、「意欲や努力」を可能にする思考方法としての「因果（律）」を採用していることになる。だから、言う。

「比丘らよ、いま応供・正等覚者である私も、業論《ごうろん》者であり、行為論者であり、精進論者である。比丘らよ、愚人マッカリは『業は存在しない、行為は存在しない、精進は存在しない』といって、私を排斥している」

冒頭、彼が「業論者」と名乗る「業」とは、「行い」の意味であり、「業論」とは「過去の行為が現在の在り方を決める、あるいは現在の行いが未来の在り方を決める」という考え方である。

これが宿命論や決定論（「愚人マッカリ」の主張）ではないとすれば、それは修行や精進を行う主体を構成する方法的概念として、「因果」を解釈する以外にない。つまり、為すべき目的を定め、過去の経験を反省し、そこから現在何をするか決定するという、修行や精進を可能にする思考方法としての「因果」である。この「因果」の考え方を採用してはじめて、ブッダは「行為論者」「精進論者」と自称できるのである。

かくしていまや、仏教の「因果の道理」から「結果を引き起こす原因の力」の実在は消去されなければならない。そして、「精進」を可能にする思考の方法として「因果」を採用しなければならない。それを本書で言うなら、「他者に課せられた自己」を受容し、それを維持しつつ、最終的に解消するという、この意志こそが「因果」を必要とする、ということだ。

「自己」の受容においてしか「善」が生まれず、その解消への意志によってのみ「善」が維持される。「因果」を頼りにこの切なく脆《もろ》い営みを続けることが、「無常」の倫理なのである。

「自己」と「倫理」の彼方

結局、「無常」と「無我」を主張する立場が、倫理それ自体を普遍的に確立するアイデアを出すことはできない。

本書は、「自己」という人間の存在様式が倫理を要請しているにすぎない、と考える。我々は「自己」である他ないから、倫理を欲望する。そしてあえて言えば、「自己」であることが人間に「普遍的」であると言うならば、その限りで倫理も「普遍的」でありうる。

すなわち、「自己」であること、「自己」であり続けることによってしか、「倫理」は可能にはならない。「自己」以前にも、「自己」以後にも、倫理は無い。「無常」「無我」「縁起」の思想の極限に「自己」はいない。「倫理」は無い。

ならば、無常にして解消されるべき「自己」をあえて意志することこそが「善」の、「倫理」の根拠である。そうある他はないのだ。

第二部　対話篇

以下の対話は実際に行われたものを土台に、著者が構成し直した。主に回答者的役割に当たっているのが著者である。

なぜ根拠を問うのか

——さて、ここまでの君の議論は一通り承ったが、もう少し話をはっきりさせるために、いくつか質問させてもらいたい。

というよりも、そもそも何でこんなことを言いだしたのか不可解なんだろう。

——いや、それはわからんでもない。いま世間では、かなり多くの人々が善悪の区別に動揺を感じ、そこに確かな根拠は無いと、漠然と思っているんじゃないか。

でも、そうだとしても、善悪が無いとまずいとも思っている。そういう宙ぶらりんの不安がどこかにあるように、僕は思う。君もそれは感じるだろう。

これを書いた直接の理由ではないが、君の言っていることはわかる。だいたい、共同体が規定している善悪の秩序、本書で言う「掟」や「道徳」などは、それがうまく機能しているなら、根拠を問われることなどない。もし、共同体を成り立たせる条件が変われば、そこで通用している善悪の観念も動揺する。

――最近の社会構造の急激な変動にともなって、共同体の秩序や規範の拘束力が落ちれば、その中にいる人間は不安になるだろう。

その不安の中で、はじめて共同体の規定する善悪の区別、つまり「掟」や「道徳」が意識化されて、その根拠を問う態度が出てくる。「倫理」はこの根拠問題なのだ。

実際、規範や秩序が動揺したからといって、対症療法みたいに、じゃあこうすれば善悪の区別は再び確立できますよとか、こういう物の考え方を導入すれば不安はなくなりますよ、などと説得することは、もう望むべくもないと思う。

つまり、何が善で何が悪かということをいくら考えようとしても、恐らくそれは結局、「それはなぜ?」という問いが繰り返し出てくる。

――善悪それぞれの内容を考えてもダメ、ということか。

ダメとは言わない。しかし、もっと根本的なのは、なぜ我々には善悪が必要なのかということでね。僕がやってみようかなと思ったのはそこなんだ。

善悪の内容は、共同体の在《あ》り様《よう》で簡単に変わる。変わらないのは、人間が善悪の区別を必要とし続けることだ。ここを詰めて考えないと、根拠の話にはならないだろう。

――だとするなら、君は仮にも大乗仏教の僧侶だろう。だったら、面倒な理屈を言わずに、「慈悲」みたいな教えを前面に出して、押しきればいいじゃないか。

うーん。普通はそうなんだけどねえ、僕は仏教の立場から善悪を考えるときに、ダイレクトに「慈悲」に持っていくことには賛成できないんだ。

というのは、大乗仏教の「慈悲」というアイデアは、うんと俗に考えると、チャリティやボランティアに近いようにとられかねないからなんだ。やらなくてもいいけれど、あえてやるという感じ。あるいは、「思いやり」の気持ちみたいなことと、受け取られかねない。

しかし、ここで考えなきゃいけないのは、「慈悲」を言うなら、その態度や行いが倫理として必然となるような条件なり構造が、人間の側にあるのかどうかということなんだ。「慈悲」そのものが単なるボランティアや慈善ではなくて、為すべき善だと言うんだったら、それを普遍性をもって発動させるような条件が人間の側にあるのかないのか。この問いがまさに根拠への問いだ。

——慈悲があるから善悪があるだとか、善行があるんだとか言うなら、「慈悲」そのものが人間において必然化されるような条件があるのかどうかを考えなければならない、というわけだな。

そう。だから、「慈悲」の話は回避した。

——すると、今回の君のテーマは、これがわかれば善悪がはっきりわかりますよというようなことにならないんだ。

言えるとすれば、善悪の区別の必要条件くらいだろう。そしてその必要は、人間の存在様式としての「自己」と絡んでいる。その「自己」を問題にしなければ、善悪を考える余地はないだろうというのが、今回の議論の出発点だな。

——とすると、人間がいなければ善悪の問題はないわけだ。

そう。善悪の普遍性と言うなら、そこまで。人間だけの話。

——まあ、動物に普遍もヘッタクレもないわな。

結局、僕の議論の中心にあるのは、何が善で何が悪かという内容の話じゃない。あくまで根拠の問題。

——それにしては、戒律の話が後半たくさん出ているじゃないの。殺すな、盗むなみたいな「内容」を一つずつ考えていきましょう、ということだろう。

いや、だからあれは、ただの思考実験。とりあえず根拠として出したアイデアが、戒律の項目を材料にして、どう機能するか具体的に考えてみただけだ。

——善悪の根拠として戒律を考えているわけでも、その解説をしようとしたわけでもない。

あれを材料にして、自分の立場からの善悪の見方を検討しようというだけさ。戒律の意味を説いてるんじゃない。この本は仏教信者や仏教者のために書いたわけではないので、ここを誤解されると非常にまずいことになる。

——ということは、ここでは仏教を論じているのではない、と。

そうではなくて、仏教の考え方を土台に、善悪の根拠、倫理を論じているんだ。

――でも、戒律の部分が長いからなあ。

だから、本当は戒律を出したくなかったんだ。でも、しょうがなかったんだよ。だって善悪というのは世間では具体的なものじゃないか。殺してよいのかいけないのか、盗んではなぜいけないのか。だったら、具体的な行為を一切捨象して善悪の問題といっても、これは届かないからね。

多くの場合は、あなたの考えからいって、殺してもよいのですか、いけないのですか。盗んでもよいのですか、いけないのですかという話に最後はなる。哲学書じゃないんだからさ。

で、何かを具体的に持ち出してやらざるをえなかったんだ。その材料が戒律だったということ。それだけ。

倫理をめぐる仏教の困難

――なるほどね。君の意図はそれなりに了解した。では、君の議論にそって訊いていきたいと思う。まず、僕が引っ掛かったのは、君が冒頭部で言っている「善悪問題（倫理問題）こそが仏教の急所だ」というところだ。君はなぜそう思うんだ。もう少し詳しく聞かせてくれ。

だって、仏教は「諸行無常《しょぎょうむじょう》」とか「諸法無我《しょほうむが》」と言うんだよ。だったら、善悪の確実な観念など、原理的にまず成り立たんだろう。

——歴史的な仏教批判の文脈を持ち出すまでもなく、そうなるよな。はなはだ危険だが。

だけど一方で、「無常」とか「無我」という考え方からすればそうではあるとしても、現実的には戒律があり、その上、こういうことをしたほうがいい、こういうことをしなさい、こういうことはしないほうがいいよという言い方を釈尊がしている以上は、どこかに根拠を置いた話にせざるをえなくなる。そうすると、「無常」と「無我」の立場をとりながら、それを言えるのはどうしてかという、大きな矛盾が出てくるでしょ。

――この世で生きていくには、善悪がなければならないし。

ところが、このテーマに真正面から取り組んで、こう思うという理屈が、仏教の中には見つからないんだな。

出てくるのは、「それはそれとして」みたいな話だけ。無常は無常だけど、世間で生きている以上は今通用している道徳に従って……みたいなことを言う。

そうでなければ、はっきり善悪を説く他の教えとも究極的には一致するのだから、善悪の問題とか社会道徳の問題はそっちの教えに任せておけばいいのだ、みたいなお説教を僧侶がしたり、本に書く。それはまずいと、僕は思う。

さっき言ったように倫理意識に関して動揺というか、今までの倫理とか道徳を前提としたのとは違う行いをする人が出てくるこの時代で、いまだに根拠問題をかわすか、やり過ごすみたいなことを、いつまでもお坊さんが、仏教者の側がやっていくわけにはいかないと思うんだ。

――「死刑になりたくて人を殺しました」と言う人間が出てくるわけだからね。

そう。少なくともこの「急所」の存在を認めて、論じるところまでは行かないとまずい。だから、僕の言っていることが正しいかどうかはわからないんだ。

しかし、僕の言い分に対して違うと反対するなら、そこから議論になるだろう。すると、その議論の中から、仏教が倫理を根拠づけるアイデアが見えてきて、これは今後の仏教とか、社会の倫理の問題に対して、無駄な営みにはならないと思うんだ。

——善悪の区別は、最終的には、仏教では確固とした根拠を失う。だが、それはある意味、耐え難いことだな。

そうなんだ。だからやっぱり、人はみんな、何が善で何が悪かという回答を、まずは欲する、要求するでしょ。そうすると、その根拠を曖昧にしたまま、世間はこうだから、今は非常時だからとか、言い訳めいた理屈をつけて、その前提で善悪を論じることになる。

でも、それは世間の掟や道徳の範疇《はんちゅう》だろう。しかしながら倫理というのはそうではなくて、善悪の根拠をどこに問うのかという議論なんだと思うんだ。その根拠を出そうとしたときに、よく考えると、危ういというのは、実は仏教だけの問題ではなく、一神教も一緒じゃないかな。

——どういうことだ。

一神教も、その一神教しか知らない共同体ならかまわないんだ。その場合、その共同体における機能はアニミズムとも大差ない。

この場合、共同体メンバーは、神の存在にはほとんど疑問の持ちようがなく、ということは、彼らは信じているのではなくて、神を教えられ、理解しているだけだ。

ある一つの神様だけしか存在しない共同体。ほかは何も知らない。もし仮に、生まれてきたときから特定の一神教の共同体の中にいたとすれば、その人たちは、神様の問題は信じる問題ではなくて、教わって、それを覚えるなり、理解するなりして、そのシステムの中におさまればいいだけだ。その神様が全面的に善悪を保証してくれる。

ところが、そこに別の神様が出てきたり、共同体が大きく変質してくると、神様との関係は別になってしまう。つまり、ほかにも神様が現れる、神様が従来どおりに処理できない問題が出てくる。あるいは、神様がいない社会を知る。そうすると、自分と神様の関係は改めて選ばなければならなくなる。それが理解とは違う、信じるということだよ。

今の時代はまさにそうだろう。キリスト教しか知らない社会とか、イスラム教しか知らない社会には誰も住んでない。

——そりゃそうだ。

今じゃ、どんなに過激な一神教徒だって、イスラム教、キリスト教、さらに仏教もあることぐらいはわかっている。原理主義的なキリスト教徒もイスラム教徒も、仏教があることは知っている。そうなると、たとえ一神教を根拠としても、最終的には、どれを選ぶのか、信じるのかの問題になる。

——でもそれは、根拠があって信じてるんだろ。

あのねえ、根拠があるなら、理解するだけだよ。信じるという行為は疑いが前提さ。一神教が複数ある時点で問題だよ。神とどう関係をつけようが、そのこと自体にもしかしたら根拠がないかもしれないと疑うから、信じることが可能になる。

僕はアメリカへ行ったとき、「仏教は無神論者だろう」と言われたことがある。「そう言えなくもない」と言ったら、相手が「アメリカでは無神論者は一切信用されない」と言うんだ。「ああ、そうですか。なぜですか」と言ったら、「善悪を知らない人だと思われる」と言うんだな。倫理の根拠を「神」に置いているんだったら、当然そう思うだろうね。

でも、そのとき考えたな。あんただって「神」を信じるかどうか、選べるでしょって。選べるなら、選ぶ根拠はどこにある？

まさかここで「神」の命令は持ち出せないだろう。持ち出せば、命令に従う根拠は何だということになり、結局は無限遡及に陥ってしまう。つまり、「神」を信じる確かな根拠は見つからないんだ。ということは、一神教によっても、今や倫理を確実に根拠づけることは、実はできないんだよ。

——つまり、現代の状況は、たとえ一神教信者だろうと、倫理的な根拠をそれほどナイーブに前提される状況ではないと言いたいわけだ。

そう。たとえば一神教の原理主義者だって、仏教があることを知っている。原理主義者になるためには疑ってはならない。それ以外の教えがあっても、自分の教えが一番だと信じ込まなきゃいけないという状況がある。

――信じ込まなきゃいけない状況があるということは、その時点で既に根拠が失われているんだな。

さっきも言ったように、信じるという行為には疑惑の存在がその前提としてあるのさ。もっと言えば、信じる行為とは具体的には疑惑の排除なのだからね。疑惑を当然の前提として信じるんだったら、賭けをするのと一緒、ギャンブルと一緒だ。だから、一神教の人であろうと、今や状況は仏教の人間とあまり変わらないということだよ。

一般の人は、そんなに突き詰めて考えてはいないと思うけど、突き詰めれば、仏教徒だろうが、一神教徒だろうが、その他であろうが、最終的には信じるかどうか、あるいは、賭けるかどうかという話になってしまうんだ。

――とは言うものの、同じ「賭ける」にしても、仏教と一神教とでは事情が違うんじゃないの？

「賭ける」ということでは、あくまでも一緒だと僕は思う。違うのは、当たり前ながら何に賭けるかということだ。

一神教はもちろん「神」に賭ける。だから、一度賭けてしまえば、倫理問題は根本的に解決する。善悪の根拠は「神」であり、善悪の内容は「神」が一方的に命令する。

ところが、仏教の場合は、問題が絶望的に解決しない。仏教の最終目的が、ただブッダになること（「成仏」）ではなく、「ニルヴァーナ」だからだ。

「ニルヴァーナ」の問題性

――それはどういう意味だ？

「ニルヴァーナ」がどういうことなのか、まるきりわからない。それが本当に結構なことで、目標にすべき善いことなのかが、わからない。仏教の経典には、どこにも「ニルヴァーナ」が何のことなのか書いてない。

——それは本当なのか？　ちょっと信じられないな。

それっぽい文句はある。「生まれることは尽きた」みたいな。何のことかわからないだろ？

——「尽きた」って？

まあ、文脈からして、畜生だろうが人間だろうが天の神様だろうが、存在していたらダメだという話らしい。「究極のやすらぎ」という説明を聞いたことがあるが、何が「究極」なのかまるでわからない。

——うーん。それは本当に何が何だかわからんなあ。

もう一つ問題がある。仏教はゴータマ・シッダルタという青年が「悟った」ことから始まったんだが、「悟った」とき彼に何が起こったか、それが全然わからない。

——いや、でもそれは、経典にいろいろ書いてあるだろ。たとえば有名な「四聖諦《ししょうたい》」とか「十二支縁起《じゅうにしえんぎ》」とか。

それは「悟った」後に彼が考えた話でしょ。「悟った」まさにそのとき、の話ではない。ということは、極言すると、本当に「悟った」のかどうかも、彼以外の第三者にはわからない。

——それはちょっとまずい言い方だろう。

でも理屈としてはそうなる。仏教は、何のことだかわからない「悟り」と「ニルヴァーナ」が実際に起こって、しかもそれが決定的な重大事だと信じることによって成立する。つまり、何だかわけのわからないものに賭けない限り、仏教徒にはなれないんだ。

――だとすると、賭けの条件は一神教より厳しいかもしれないな。

そうだろうね。したがって、「悟り」も「ニルヴァーナ」も善悪の根拠にはならない。わけのわからないものを根拠にはできないから。

――倫理的行為を「悟る」ため、「ニルヴァーナ」に到達するための手段、あるいは原動力みたいに位置づけることはできないのか?

あのねえ、「手段」とか「原動力」とか言うなら、それが「何のため」かはっきりわかっていないと意味がないでしょう。僕は仏教が目指すところに到達する「手段」として倫理があるとは思わない。単に、致し方ないだけだ。

――致し方ないとは？

「ニルヴァーナ」に向かう原動力は、あくまで「ニルヴァーナ」を目指す意志以外にはない。

――仏教で言うところの「発心《ほっしん》」か。

そう。しかしながら、「ニルヴァーナ」を目指しているのはあくまでも人間で、その実存は「自己」という様式でしかありえないわけだ。

――「ニルヴァーナ」以前ではそうだろうな。

ということは、「自己」という様式で存在せざるをえない間は、致し方なく善悪を伴わざるをえない。

――すると、やっぱり「ニルヴァーナ」も「悟り」も善悪の根拠にはならないというわけか。でも、輪廻転生《りんねてんしょう》という考え方があるだろう。あれは善行を為した者が天上界に生まれ、悪行を為した者が地獄に堕ちるというのだから、根拠として通用するのでは？

だから、それは輪廻転生の話であって、「ニルヴァーナ」の話ではない。輪廻転生はあくまでも「存在する者」の話で、「存在が尽きる」話ではない。「自己」的に存在しているなら、いつどこでどう存在しようと、善悪は問題だ。「ニルヴァーナ」とは違う。

――そうか。

ちなみに、僕はブッダと輪廻転生の話には根本的なつながりは無いと思っている。仏教にあのアイデアはいらないし、むしろ邪魔だ。

――したがって、「賭け」で言うなら、一神教よりも仏教の方がリスクが高いというわけか。

リスクは同じ。割に合わないだけだな。たとえばキリスト教なら、賭けに当たれば「復活」と「天国」というお約束がはっきりある。だが、仏教の場合は、当たってもニルヴァーナだ。それが「復活」や「天国」ほど結構なことなのか、皆目わからない。

——ところで、君の議論では善悪の問題、倫理の問題はすべて人間の問題。君の言い方だと「自己という様式で実存する」存在者にしか関わらない、ということで一貫しているな。

そうだね。

——そこで、その話の前にちょっと興味があるので訊いておくが、君は善人ばかりのドラマは面白くないと言っているが、ホームドラマというのがあるでしょ。あれ、ほとんど悪人が出てこないけど、面白かったりするぜ。

ホームドラマに出てくるのは、善人ではなく「好人物」。つまり、お人よし。そして悪人もいない。いるのは「人の悪い」人物。

つまり、倫理はホームドラマ的日常においては問題にはならないんだ。倫理が問われるのは危機的状況においてだ。日常は、それこそ「常識」と「習慣」で十分だ。道徳でさえそこでは問題にされる局面は少ない。つまり「自己」の非日常的・危機的状況こそが倫理的局面なのだ。

「自己」という実存と倫理

——そこで「自己」の話をしなくてはならないが、君は倫理が人間だけの問題で動物には関係ないと言っている。しかし、類人猿やクジラなどには、ある程度の利他的行動や共感的行動が観察されているだろう。

むろん、そういう行動に倫理の萌芽を見てもよいし、倫理と地続きの行動と言ってよいかもしれない。しかし、それは倫理でも善悪でもない。動物に善悪はない。

これは自意識と同じなのだ。自意識にも濃淡がある。チンパンジーは人間の四歳児くらいに匹敵する自意識を持つらしい。ならば、その程度の善悪的観念はあるかもしれない。でも、我々は幼児に倫理を問うことができるか？

——なるほど、できないな。そこで自意識の構造が問題にされているわけだ。君は「名前」を持つ意味を手掛かりに、意識を「『関係』に対する関係」と定義し、自意識を「私の意識」ではなく、「私と他者の関係」に対する意識だと言った。

それがない限り、倫理は問題にならない。もしそうなら、意識は現実的な現象形態としては言語だろうから、意識と言語と善悪の観念は、ほぼ同時に発生したと言えるはずだ。

——「死」はどうだ。動物に「死」の観念はないだろう。

そのとおり。「死」は観念で経験可能な現象ではないから、他の個体の物理的崩壊を「これは自分にも起こる」と我が身に投影できない限り、獲得できないアイデアだ。意識と言語と倫理に加えて「死」も、君の言うとおり同時発生だろうな。

——すると面白い話がある。君は動物などの「掟」の存在について述べながら、善悪観念の無い人間集団の可能性に触れているが、これが実際にアマゾンの奥地の原住民に例があるらしいな（ダニエル・L・エヴェレット著、屋代通子訳『ピダハン』みすず書房・二〇一二年）。

そうらしい。つい最近僕も知った。

——その報告がまことに興味深い。彼らにはまず善悪の観念がほとんどない。仲間内で褒められる行いと非難されるべき行いの区別はあるだろうけれど、「善」と「悪」に当たる言葉がないらしい。

その上、「名前」を自分で付ける。それをまた、途中で変えちゃったりもする。

もうひとつ、自分が直接、経験したことしか問題にしない。キリスト教の伝道師がイエスの話をしても、「お前は見たのか？」と言われて相手にされない。おそらく複雑な「死後の世界」の観念などは持ちようがないだろう。

だとすると、彼らには夢と現実の区別は曖昧だろうな。夢だって直接経験だからね。そして直接経験に問題が限られれば、彼らの言語はそうでない場合に比べて、かなり単純な体系ですむだろう。

この例は、自意識と倫理の相関性をある程度、物語っていると言えるかもしれないな。

——そこで、君の議論の核心の一つに触れておこう。善悪の問題に直結する「自己」という実存の様式が、キーワードの一つである「他者に課せられた自己」というアイデアで示されるだろう？

そうだね。

——で、そのアイデアのバックには仏教の「縁起」の思想があると。

正確に言うと、僕が解釈した縁起の考え方が「自己」の在り方に適用されている、ということだな。つまり、存在するものそれ自体にはそのように存在する根拠は欠けていて、その存在とは別のものとの関係から生成されてくる、と考える。

――それは「他者」がそれ自体「自己」に先立って存在し、「自己」の在り方を決定する、という意味なのか？

違う。あらゆる存在に関係は先立つ。いわば存在論的に言えば「自己」と「他者」は同時に生成される。「右」と「左」が中央線を引いた瞬間に成立するように、出会うという事実が両者を生成する。親がいて子が生まれるのではない。出産と養育という行為が設定する関係が、「親」と「子」の存在を開始する。

しかし、「自己」の側から見て、実際の認識の仕方に即して言うなら、「他者に課せられる」という在り様が、「自己」の在り方を根源的に受動的にさせ、「他者が先立つ」と言いうるような構えをとらせることになるだろう。

――で、君の考えだと、その「他者に課せられた自己」という構造を持つ実存にしか、倫理は関わらないというわけか。

倫理・善悪は根本的に他者と自己との関係の問題だ。しかしそれは、たまたま、ある人物とそれ以外の人物がいて、一緒に生きていくのだから仲良く、という話ではないんだ。それなら単なる処世術にすぎない。

我々「自己」において、善は為されねばならず、悪は斥《しりぞ》けられなければならないという「必然性」あるいは「当為性」があるとするなら、それは「自己」の構造に根差していなければならない。「他者」は「自己」の実存に構造化されていると、私は「縁起」の観点からそう考える。

——そのような構造の「自己」を受容するか否かが善悪を分けると、君は主張するんだな。

それ、苦しいと思うんだ。だって「自己」が「自己」でないものに由来するんだから、絶対的に矛盾でしょ。「自己」である限りこの矛盾は解消しようがない。それを受容しようと言うんだもの。仏教がテーマ化した「苦」は、この矛盾をあえておかさなければならないところにあると、僕は思う。

――なるほど、だから君はまず「倫理が特定の社会の道徳や規範を超えた普遍性を持つのは、それが『自己である』という様式の普遍性に関わっているから」と言っておいて、こんな際どいことを言う。「同時に仏教が、『無常』という根本教義において倫理的な危機を内包するのは、『自己であること』すなわち人間という在り方を解消すべきものと考えていて、原理的に肯定しないからである」、なんて。

つまり、「自己」は「苦」だから解消すべきだ、そう君は言うんだな。

「ニルヴァーナ」とはそういうことだと、僕は考えざるをえない。そして「自己」が解消された節には、善悪も解消する。

――最終的にそうなら、当たり前に「自己」を受容しなければならないという理屈は成り立たない。そこで「賭け」と言うわけだ。

そう。僕はそこまで言ってからでないと、たとえば「どうして人を殺してはいけないんですか？」という問いには向き合えないと思うんだ。

この問いに「ダメなものはダメだ」と答える方法はある。しかし、そう言っても「なぜ」の問いは解消しない。「ダメだ」と何を根拠に言うのか。ただの思考停止なのか。そうでなければ神様の命令か。親や会社や国の都合か。それとも、「道徳教育」か。

僕は「ダメだ」と答えることに反対ではない。でもこの「ダメだ」は「自己」への賭けの結果なんだ。

——なんだかミもフタもない話に聞こえてきたな。仏教に所詮、善悪はない、というようなな……。

そうだ。しかし、仏教を頼りに生きる「自己」として存在する間は、善悪がいる。

仏教の終点の「ニルヴァーナ」に善悪は関係ないのと同じように、始まりの「出家」にも善悪は関係ない。善悪があるのはその間だ。ゴータマ・シッダルタにしても、まさか善行だと思って「出家」したわけではあるまい。進退窮まって、せざるをえなくなったから、したんだろう。

——では、「出家」の話が出たところで、君が具体的な善悪の例として持ち出した、戒の検討に移ろうか。

そうしてもらおう。

「自己」を選択する

——君が材料にした戒の最初、「帰依《きえ》」について。これが善悪を可能にする「自己」の受容のことだと言っているな。

「帰依」とは、それを拠り所にして生きるという決意のことだ。それはつまり、「帰依する自己」を選択することなのだ。

——つまり、あくまで意志的行為だと。

そう。単に「他者から受け取った自己」「他者と共にいる自己」ではダメで、「他者に課せられた自己」を受容すると決断しなければ、倫理として発動しない。

——その決断が「帰依」か。

それまでの「自己」を一度後ろに区切って、その全体を丸ごと引き受けるという決意が必要なんだ。帰依はその引き受けだ。

今までの自分とは違う自分を引き受ける。仏と教えと僧団に帰依する自己を引き受けるという方法で、それまでの自分を一度区切って、引き受け直す。「自己を受容する決意」を具体的にどう行うかといったとき、仏教は「帰依」という形で行うというわけ。

——すべてはその決断にかかるということだな。

かかるね。帰依する側も、帰依させる側も、そこには明瞭な意志が必要だ。「それまでの自己ではない自己」になる意志と、そうさせる意志。

――初期仏教の戒律には、戒律を授けてはならない人たちが例示してあるが、たしかに意志を明らかに確認することのできない場合は軒並みダメだな。死者、心神喪失者、乳幼児、泥酔者。

意志もそうだが、同時に責任。自分の行為に責任が負えない状態の者は戒を受けることはできない。また、そういう者に戒を授けてはならない。

――あくまでも意志と責任が問題ということになると、これは確かに、一神教的な「絶対の真理」を背景にした考え方とは違うな。

なんのことだ。

――だって、「神」が保証する「絶対の真理」である以上、それは誰にとっても無条件的に「真理」だろうから、それに対して人間の事情は問われないだろう。

意志があろうとなかろうと、責任をとれようととれまいと、その「真理」と結びつくことこそが大事だ。だからキリスト教の「洗礼」は乳幼児でも構わないということになる。仏教では幼児の受戒は許されないが、キリスト教の「幼児洗礼」はごく初期から行われ、現在でも一般的だろう。

なるほど、そう言えるかもしれないな。とにかく、「成仏してニルヴァーナに入る」意志と、その決断に責任をとれない者が修行できるわけがないからな。それ以外の者は関係ない。その意味では一神教に比べて狭い。ある意味「普遍性」が落ちる。

——ただ、キリスト教でも信仰の自覚ができない者に洗礼はできないという思想があって、「幼児洗礼」をしない宗派もあるようだな。

ともかく、「自己」という様式で生きる存在にしか、善悪・倫理は問題にならない。つまり、「神」は無論、阿弥陀如来も大日如来も関係ない。彼らに「自己」は無用だ。「凡《ぼん》夫《ぶ》」である我々にコンタクトする方便でそれを使ったとしてもね。

――君が善悪を議論してゴータマ・ブッダ以外を問題にしていないのはそのせいか。

彼は「私」という一人称を使って生きた。ならば、その「私」が何ものであるかは、「他者」に決められるほかはない。ゴータマ・シッダルタであれ、ゴータマ・ブッダであれ、そこに違いはない。つまり、「他者に課せられた自己」として生きた、そういうブッダなのだ。

――ということは、このブッダも「自己」としてブッダである間は、「苦」の中にあったのか。

そうだ。彼は苦しかったはずだ。そして、彼がブッダであることも、課されたのだ。

――どういう意味だ。

ゴータマ・シッダルタがゴータマ・ブッダになったのは、「悟った」からではない。それが錯覚でないという保証はどこにもない。

彼がブッダになったのは、「悟った」とされる出来事の後、何かの話を誰かにして、その彼が「悟った」か、「ああ、そうだなあ」と共感したとき。まさに話したことが「教え（ダルマ）」となり、話した当人が「ブッダ」と「他者」から言われるようになる。

――そりゃ、自称「ブッダ」じゃたしかに始まらんな。

そうだ。ブッダであるということは、ブッダでない人から、ブッダにさせられたことによって始まったのだ。そういうブッダは、倫理において行為せざるをえない。彼の「業」だ。

――ちょっと面白い言い分だからもう一度訊くが、君は「自己」として存在する限りは、ブッダだろうが何だろうが、「苦」からは逃れられないと言うんだな。

だって、死ぬまで悩み苦しんだだろう。最晩年の様子を記す経典には、壊れかけた荷車に喩《たと》えて、老いて病み衰えた自分を顧みる言葉がある。しかも、そのような状態にあってなお、彼は最期まで教団の指導者であり続けなければならなかった。弟子たちの将来も気遣っただろう。この世において「自己」である限り、その「自己」が課された実存である限り、ブッダであろうとなかろうと、「ニルヴァーナ」までの彼は、間違いなく「無常」の実存だったのだ。

「他者」としての共同体

——君は「自己」を課す「他者」とは個人ではなく、共同体だと言っているな。

だから、共同体の不調は「自己」の不調に反映する。

——で、その共同体と「自己」の関係への問いが倫理の基盤にあるとするわけだ。

どの共同体も内部に規範と秩序を持つ。それが「掟」や「道徳」としてメンバーも行為を律する。この内部に組み込まれている限り、倫理は問題にならない。

——選択の余地なく始まる共同体との関係、たとえば家族との関係、幼少期の生育環境との関係、あるいは国家との関係などは、関係が安定している以上は、「掟」「道徳」による行動規制で事足りるわけだな。

成人後に選択された関係でも、その内部の規範が倫理として機能しないケースも多い。なぜなら、共同体は加入したメンバーに規範や秩序を問答無用で植え込むからだ。規範・秩序の意味、つまり自分が加入しようとする共同体との関係を批判的に検討してかかるような人間は、最初から共同体が排除する。たとえば、戦争中の「非国民」扱いのようにね。

——そういう共同体が弱体化したり解体し始めると、内部の規範や秩序も動揺する。その規範や秩序が規定する「善」「悪」の意味が溶解し始める。

「どうして人を殺してはいけないのですか」という問いが社会の前面に出てくる。

――そう問われたら、君はどう答える？

自死と同じでね、これに理屈で答えるのは無理だね。「他者に課せられた自己」を受容するという決意が、他者の肯定を前提にするだけだ。自死それ自体は善悪と無縁で、自死してはならない理屈は無い。だとすると、他殺を理屈によって否定することはできない。

自死は「他者に課せられた自己」の「自己」を消去することによって、結果として「課す他者」の存在を無意味にする。この行為を許容するなら、「無意味なもの」をどう処分しようと構わないという理屈を、原理的には排除できない。

だとすると、「自己の受容」は「他殺の否定」にならなければならない、と覚悟するしかない。

――つまり、説得できないということか？

理屈によっては説得はできない。また、そんなことをしても始まらない。僕がそういう質問をされたら、まず「あなたはどうしてそんなことを考えるのか」と訊くだろうね。

もし本気で「殺したい」「殺してもよい」と思っているなら、僕になど相談するまでもなく、もう殺しているだろう。ではどうして僕にそんなことを言うのか、と。

それを考えていくと、結局、本人の実存の問題になる。自死志願者がそうであるように、彼は人を殺してもよいと思っているのでも、殺したいと思っているのでもないんだ。

この問いで、彼は「自己」であることが切なく、苦しいと言っているんだな。だから、少しずつ話を聞いていくと、最初の「人殺し」の話とは全然違うことを言ったりする。

――人を殺してよいかどうかという話とは違ってしまう。

そう。彼は「自己」が不調なんだ。つまり、「他者」（共同体）との関係が不調で、「他者」に課せられた自己」が危機に陥っているんだ。この危機的局面で、倫理的な問いは鋭角的に発せられる。

——「仏教者」もまた彼の「自己」を共同体から課される。すなわち僧団（サンガ）への加入において「仏教者」として規定される。そこで、戒律というルールの遵守を求められる。

そうだ。そして、この加入と遵守は、選択と決断である以上、徹底的に自覚的になされなければならない。つまり、今度は「自己責任」で「仏教者である自己」を起動させなければならないんだ。まさにこの点において、倫理的であらねばならない。

共同体の「掟」や「道徳」を「倫理」として機能させようとするなら、この自覚的な選択という過程を経る必要があるだろう。

——仏教の場合、それは具体的に共同体からも担保されるのか。

たとえば、僧団からの脱退、つまり僧侶や信者であることをやめるのは、本来極めて簡単なんだ。仲間に戒律を捨てたと告げるだけでよい。これほど簡単だとなれば、本人の意志の持続以外に修行者や信者であることを支える何ものも無いよね。つまり彼は「仏教者であること」を選択し続けることによってしか、「仏教者」にはなれないのだ。

受容の促しと互酬性

——「帰依」に続いて善悪の行為について総括的に触れる「三聚浄戒《さんじゅじょうかい》」が出てきて、君はここで、面白い議論をしている。「自己」の受容は「自己」の力ではできない。受容するように促されなければならない。つまり、「自己」を課す「他者」は受容できるようにしてやらなければならない、と。

「悪」については、具体的な行為として、続く「十重禁戒《じゅうじゅうきんかい》」で述べている。したがって、ここでの問題は「善」だ。その場合問題なのは、「自己」など受容しなければいけない理由は何もないのに、一方的に課されてしまうことだ。

だって、考えてみれば、「自己」の受容が最初から自力でできるのなら、そもそも何の矛盾も無いはずで、実存の「苦」などはありえない。それが「苦」であったとしても、引き受ける気になるとすれば、引き受ける意味を納得する必要があるだろう。

——ただし、それは理屈ではできない。「自己」の存在理由は理屈にはならないから。

そう。それは結局、「自己」を課した側が、納得できるように何とか持ち込むしかないね。

——そこで言えるのは、自分で納得できない者が他人を納得させることはできないという、君の言う「互酬性」の考えだな。

そうなんだが、「互酬性」に留まる限りは、所詮は取引で、倫理にならない。その先に出て、初めて倫理の話になる。

互酬性の外へ

——仏教の「帰依」を「自己」を受容する決断だと読む、君のアイデアはわかった。そこで、次にはその決断に発する善悪の問題が説かれ、「互酬性」の先に出ることの意味が検討されるわけだな。

ともかく議論の大前提として、「自己」を受容しなければならないという理屈は何も無い。それでも決断するのだという、倫理をめぐる実存の状況だけは、ここで再認識しておかなければならない。

——しかし、受容しなければ生きられないじゃないか。

そんなことは当事者には関係ない。彼は生まれたくて生まれてきたわけではない。生まれることを了解して生まれたわけでもない。なのに、生まれてきた以上は「自己」を背負え、などと言われても納得できるはずがないだろう。

——ならば、「自己」は強制されざるをえず、事実としては、「他者」から植え込まれる。

要するに、受容は、特に幼少期にソフトな強制で行われるしかないんだよ。押し付けられるものが大切なものなのだと感じさせてもらうしかない。「愛情」というのは、そういう優しい強制だと思うんだ。

――すると、君の言う倫理の根底には親子関係があるということか。

問題をそこに還元しすぎると、僕はよく批判されるんだが、倫理の焦点が「自己」にあるなら、その「自己」を最初に課した、つまり彼を抱きとり命名した者との関係は、致命的としか言いようがない。

――君は「親」を定義して「『自己』を付与した責任を全面的に引き受ける者、特別な『他者』」という言い方をしていたな。

極端に言うと、「愛情」なんて無くてもいいと思うんだ。無くてもいいから、大切に育てて、「自己」を課した責任を果たすべきなんだ。

——「愛情」もそうだが、あらゆる感情は時と場合でどうにでも変わりうるからな。

いわゆる子供を「ネグレクト」する親に対する非難が「愛情の欠如」みたいなところに行くけれど、それは根本ではない。責任を果たしていない、そこなんだ。つまり「親」が「親」であることを「ネグレクト」している。この「自己否定」こそが問題だ。

——逆もあるかもしれないな。愛情が支配になり、言うことをきかせるために愛する、というような。

「愛情過多」が実は支配の欲望かもしれないということだな。たとえはっきり意識されなくても、「これだけ愛する以上は……」という親の態度が子供を抑圧する。

時として「問題行動」を起こす子供の親の口から出る共通のセリフがある。

「お父さんもお母さんも、お前のためを思って言ってるんだ」

「あなたのことは、私たちが一番よくわかっているのよ」

この一方的な言い方は、「お前のため」が自分の欲にすぎないかもしれない、「一番よくわかっている」が独善的な思い込みかもしれない、という反省をまったく欠いている。その根に支配の欲望があるからだ。

――すると、子供を愛するかどうかということと、育てなければいけないということは別だというわけか。

僕が善行として「饒益衆生戒《にょうやくしゅじょうかい》」を考えたとき、互酬性の問題を持ち出したのは、そこなんだ。「愛情」の埒内では、結局互酬性に縛られる。「愛されたから愛する」「愛した以上は言うことをきけ」、とね。

この取引にとどまる限り、そこに倫理はない。だから、一方的に責任を果たす覚悟で、「愛情」の持つ互酬性を乗り越えよ、ということだ。

――その決断が「親の倫理」というわけか。しかし、それではいくらなんでも、親の責任が大きすぎないか。

だから、たとえば自らも虐待の被害にあったケースなど、「親であること」に困難を抱えている人の場合は、社会が孤立させてはいけない。親子関係を規定しているのは共同体である以上、「親」は子育ての主体ではあるが、つまり「子」に対しては全面的に責任を負うが、その「親」に対して、共同体にも負うべき本来的な責任がある。

——いま親子モデルで言ったことを、仏教で言うと？

菩薩は衆生を「愛している」から救うのではない。目の前の衆生を救うという行為において、その限りにおいて、彼は「菩薩」として実存することができる。「菩薩である」ことの意味はそれしかない。この実存を引き受ける決断が、「饒益衆生戒」が提示する「善」だ。

——それは、結局「損し続ける」決断ということだろう。

そうなるね。互酬性を超えるというんだからね。

――そうすると、今、善行に励めばこの先良いことがあるよ、悪いことをするとひどい目にあうよ、という話だって通用しなくなるんじゃないか？

そう。そのレベルはせいぜい道徳どまりで倫理の話ではない。

――でも、仏教は「因果応報」や「自業自得」を説いているじゃないか。これは互酬性を前提にしなければ説けないだろう。

だから、因果については別の考え方を本論の最後で述べているわけ。俗に言う「因果応報」みたいな解釈は、少なくとも無常や縁起の立場からは支持できない。

――しかし、それじゃ、仏教は善行をしろと人々に強く訴えることはできないだろう。

そうだな。「しろ」と命令はできない。善行を勧める、善行をお願いする、というあたりまでだな。「神」様が後ろにいるわけではないから、強いことは言えない。

――それでいいのか？　本当に。

最終的に行き着く先の「ニルヴァーナ」が何かわからないんだから、仕方がないでしょう。

だけど、お互い「自己」でしょう。死ぬまで「自己」として生きていかざるをえないでしょう。ならば、そこに「善」があるべきでしょう。坊さんがそう説得して、イエスと言ってもらえるかどうか、そこまでの話。

――むずかしいよなあ。

あまりにも、むずかしい。だから賭けなんだな。

しかし、この世に「善」を望むなら、我々は「自己」を受容し、また受容できるように配慮されなければならない。

「自己」であることを決断することが、常にこの世の「善」の根拠になり、「善」を生み出し続けるかはわからない。ただ、この決断なしに、この世に「善」はありえない。

――君は「子」の側についても、「自己」を一方的に課した「親の責任」を、これまた一方的に免除することが、「自立」の核心的な意味だと述べていたな。この一方的免除によって、倫理的主体として「自己」が開始されると。

そう。この免除というのは肩代わりだ。そもそも「責任」というのは、自分の行為がある事象の原因だと、「他者」に向かって宣言することで生じる。

――だから、「自己」であることの責任は、本来それを課した「親」にあるところを、あえて課せられた「子」が肩代わりしたとき、「自己責任」によって「自己」になる、というわけだな。

これが「子」の側から互酬性を超える行為になる。およそ倫理的行為は互酬性を超えない限り成立しない。僕に言わせれば、賭けは損得の計算でするものではない。

――では、このあたりで総論的前段に区切りをつけて、次に仏教の戒を例に具体的な行為として善悪を検討する後段に話を進めたい。

結構だ。

人は自死できるように生まれてくる

――君は前置きのようなところで、仏教の戒は禁止命令ではなく、自制の意志あるいは誓いだと言っているね。

一神教の場合なら、それは啓示として課せられる禁止命令だろう。否応なく上から降りてくる命令。問答無用だ。

――ところが、仏教の場合は、そうするかどうかは本人の問題というわけだ。

殺してはならないという命令への服従ではなく、殺さないという誓いだね。

――で、その殺さないという誓いの前提が、自死しないという意志と選択だと、そう君は言うわけだ。

このとき、自死そのものを「悪」と決めつけることはできない。自死できる能力を持って生まれてくるのだから、生まれてくることを「悪」と決めつけない限り、自死を「悪」とは断言できない。

――人間はそのように生まれる。自死できるように。

生まれついてそうなら、善悪は関係ない。自死の選択肢を持つ以上、その行使を禁止する理屈はない。あったとしても、そんな後づけの理屈は無意味だ。どんな理屈を聞かされようと、自死すると決めた人間は自死する。

とすると、他者を殺さないという話は、殺すこともできるし、殺さないこともできる当人が、生きていないと始まらない。「他者に課せられた自己」という構造を生きなければ始まらない。そう生きる決断が殺人を自らに禁ずべき「悪」としうる。

——あくまで意志の問題だと言うんだな。

と同時に、智慧の問題。つまり、決断の根拠は常に問われる。考え続けなければならない。

「ただ殺してはいけない」だけなら、掟や道徳どまり。「なぜ殺してはいけないのか」という問いに直面したとき、それが倫理の問題として立ち上がる。だから、根源的な思考が必要とされるのだ。

この問いに、何を理由や根拠として持ち出すか考えなければならない。仏教か、キリスト教か、儒教か。あるいは道徳か、掟か。道徳だろうが掟だろうが、根拠として選択するなら、それは倫理となる。

――どういう意味だ？

「村の掟」を、村から出た後も自らの行動規範として持ち続けると決めるならば、それは彼の論理だ。

――君が倫理は個人の問題だと言うのも、そこだな。それにしても、自死しないという決意を倫理の根拠にするというのは、危なく聞こえるな。

死ぬ気になれば何でもできる。

――そう。君も本論で述べていたけど、それを言いたくなる。

だから、結局のところ、その気を捨ててもらうしかない。理屈ではないんだ。養育の過程で「親」から、また共同体から大切にされた実感を得られたか、その実感を支えに「自己」を受容する決断ができたかどうか、そして次には、他人が「自己」を受容する助けとなれるかどうか。

この世に「善」を望むなら、すべてはここにかかっていると、私は思う。

——望んだほうがよい？

望まないといけない。そして、もうこれは一般論ではない。理屈ではない。坊さんになったことによって「自己」を担った僕は、そう望むし、そうあってほしいと思うだけ。

——いくら理屈で詰めても詰めきれないということだな。でも、たとえば、単純に殺される人がいやだろうから、あるいは自分が殺されるのもいやだから、というアイデアはダメなのか？

それで納得できれば結構だ。しかし、それは要するに気分の問題だろう。気分の問題なら、「いや」であっても、殺す人間は殺すだろうし、自死する人間は死ぬだろう。「殺してはならない」「殺さない」という話にならない。

さらに言うと、他人に自分と同じ「自意識」があるのかどうか、想像する以上のことはできない。自他共に同じように「いや」かどうかは、推測の範囲だ。推測の範囲から「ならない」を「普遍的に（つまり、誰でもそう思うこととして）」根拠づける強度を持った理屈は、なかなか出てこないだろう。

――では、ここで展開される「理屈」はどこから出てくるんだ。

独我論ではないが、ここでの主張は一貫して「自己」に視点がある。倫理の根拠を自死するかしないかという一点にかけているんだから。である以上、他人がいやだと思うとか、苦しいと感じるとかいうことは、議論の対象にはならない。

今は、他人がどういう人物なのか、彼がどう思うかということは全部括弧に入れてしまう。それでも、自分の身体と名前が自作ではないのだから、その由来としての「他者」の存在は認めざるをえない。

ならば、「他者」が何を感じるかとはまったく別に、「他者」が「自己」の存在に果たす意味だけで倫理の問題を考えたいと、今回僕は思ったんだな。

ヨハネ・パウロ二世の態度

——そこまで「自己」にこだわるから、「尊厳死」「安楽死」は倫理問題ではない、などという主張になるんだな。

僕の立場で言うと、死が何かの解決として「自己」に欲望されているなら、それは否定するしかない。それは結局、「自死」をしてよいこと、あるいは為すべきことに変えてしまう恐れがあるからだ。

こういう場合、僕は時々、亡くなったローマ法王ヨハネ・パウロ二世の晩年を思い出す。

——空飛ぶ法王と称され、世界中で平和を説いて回ったとして高名な法王だな。

あの人は晩年、パーキンソン病を患うなど、大変に病に苦しんだらしい。だが、それでもなお、人々の前に立ち続けた。

——確かに、「老醜」と言いたくなるような姿さえ見せていたな。

あの頃に、正確な記憶ではないが、周辺の話として仄聞《そくぶん》したのは、最後に病をおして、もう出なくてもよいところにまで出て行って自分の衰えた姿をさらしたのは、実は「尊厳死」や「安楽死」へのアンチテーゼだったという話なんだ。

——「妊娠中絶」や「安楽死」を「死の文化」として批判し、「命の文化」を強調する考えを公にしたことがあったな。

もし、あの晩年の行動が話のとおりのものなら、僕は宗教家の態度としてさもありなんと思うな。

——どこに共感するんだ。

「自己決定による死」、すなわち「自死の肯定」は宗教者として認めがたい、という点だね。ここには錯覚があるんだ。「尊厳死」「安楽死」の実際は、「自己決定による死」ではない。

――となると、「自己」に焦点を合わせている君のアイデアからすると、その時点で倫理問題の埒外になる、というわけか。

話を一貫させようとするとそうなる。倫理とは自己受容の「意志」の問題だから、意志する能力を喪失した時点で、倫理問題は終息してしまう。

――しかし、たとえそうだとしても、我々は死に瀕する者の家族として、「尊厳死」「安楽死」の選択に悩み、困惑するだろう。君はこの問題をどう考えるんだ。

たとえば、「尊厳死」「安楽死」が制度化されたとするなら、それでも「そんなのいやだ、お母さんにはどんな状態になっても生きていてほしい」と言う人の味方をするね。彼が負い目を感じないように、あなたがそう思うのは「正しい」とあえて言う。

制度化されれば、「意味ある生」と「無意味な生」の区別を当然と考え、「尊厳死」「安楽死」を認める側の立場が圧倒的に強くなるに決まっている。ならば、僕は弱い立場に味方する。

家族が一人を除いて全員「尊厳死」で一致するなら、「オレはいやだ」と言う一人の味方をする。これは坊さんである僕の選択だ。

——善悪ではない。

ない。誰かが「まだ生きていてほしい」と思うかどうか、それだけの問題。これはもう善悪を問うテーマではない、というのが僕の考えだ。

所有という虚構

——次の「盗まない」という戒についての解釈も、またなんだか極端だな。君はこの戒の主旨を所有という行為の虚構性を暴露することだと述べている。とすると、そのアイデアは、所有概念を無力化して、結局、市場経済や、それを前提とする社会体制を否定することにならないか。

もちろん、その意味合いはある。ただし、ゴータマ・ブッダの昔から、私的所有を前提とする市場経済は、事実の問題として、もはや否定したくたってできるものではない。我々はそれを前提に生きざるをえない。

ただし、否定はできなくても、これを批判し、相対化することはできる。

——なぜそんなことをする必要があるんだ。

人は取り引きするために生まれてくるわけではない。稼ぐために生きているのではない。生まれてくれれば取り引きすることもあり、生きているから稼ぐ必要もある、というにすぎない。

ところが、過度の市場化は、経済を超えて実存の全体を侵食していく。存在するがゆえに所有するのではなく、所有するがゆえに存在するかのごとくに錯覚する。そうなれば、実存の無常はまるで自覚されないだろう。貨幣をそれ自体に価値があるもののように実体視して、結果、貨幣や物の所有が「自己」存在に根拠を与えると錯誤する。

所有が実存に根拠を与えると誤解するなら、所有の欲望は際限がなくなる。底の抜けたバケツに水を入れるようなものだ。まさに「無明《むみょう》」による「苦」としか言いようがない。

僕はこの市場による実存の侵食を牽制し、制御するべきだと思うんだ。

――それで所有と別に物の帰属を決める行為として「布施」を持ち出したわけか。

まあ、そういうところだ。ただ、眼目は後の先端医療をめぐる議論で出した、貸借行為、あるいは預ける・預かる行為の方だ。

「布施」という行為は、物の帰属判断に、人間同士の利害ではなく、人間と物の関係性を優先させる。この態度をより一般的な状況で実現するのは、貸借行為や預かり行為だろうと思った。

——預ける・預かる関係の中では、その物が毀損《きそん》されることは両当事者の不利益になるから、結果として物の在り方も充実する、と言うのだな。

それが「布施」の理念に類比的だと考えた。大事なのは、「布施」はチャリティではないということ。持っている物を差し上げましょうという、所有行為を前提とした話ではない。『眼蔵』が言うように、誰の物かということを度外視して、関係する存在者（人、物）の充実が問題なんだ。

——その観点から、今後いわゆる先端的な医療が高度に市場化されることを牽制するんだな。

私的所有と市場取引を無条件的に肯定すれば、最後はデザインベビーどころか、「赤ちゃんの注文」にまで行き着きかねない。これを防ぐには、「所有する人間」という様式で形成される「自己」の在り方を解毒する必要があると思う。

所有の終わり

――それは現実的に物の帰属を所有以外の概念で決定する時代が来ると期待している、ということか。

そういうアンチテーゼがあってもよいと思う。実際、ＩＴが劇的に展開した結果、すでに「著作権」なる所有の概念は危機に瀕しているし、将来、脳科学とＩＴが高度に融合すれば、個人の意識が相互接続して、従来の「自意識」とはまったく別の実存様態が出現するかもしれない。そのときは、物の帰属に関して、概念を抜本的に改定しなければならないだろう。

――だが、そこまで行けば、君が倫理を「自己」をめぐる問題だと言う以上、倫理も「自己」も消滅するのではないか？

そうだ。そしてそうなったら、ある意味「デジタル・ニルヴァーナ」が実現する。それがよいことか悪いことかは知らないがね。

――それはなんとなくいやだなあ。

いやだと僕も思う。ならば、善悪に悩む「自己」に踏みとどまるしかないね。

――デジタル・ニルヴァーナは修行だって無意味にするだろう。

そう。だから、ニルヴァーナはすばらしいんだよ、修行すればそれが手に入るよ、見返りがあるよという、所有行為を前提にしたバーターの発想でする修行は、そもそも修行にはならない。

デジタル技術を使って修行をショートカットできるなら、「すばらしいもの」を簡単に手に入れたく思うのは人情だろう。

ニルヴァーナは結構なことかどうかわからない。それでも修行する。その修行が誰かに何かを与えることはない。修行はまさに為されるべきがゆえに為される、人間の利益とは関係ない。こう考えないと、デジタル・ニルヴァーナなら楽に手に入るぜ、という誘惑に抗しきれないだろう。

――君が「仏教は最終的に『人間』を問題にしない」と言う所以だな。

修行したら悟れます程度の話なら、取引・損得の域を出ない。つまり世間の話で仏教にはならない。

性行為禁止の不可解

――殺さない、盗まない、というのは、一般人が聞いても常識としてわかる。しかし、あらゆる性的行為を禁止するというのは、日常とは別次元の話だな。

これは「出家」の問題なのだから、別次元は別次元でよいのだが、これがどうしてそれほど重要なのかわからないのが、一番困ったところだ。

――「オレは我慢できるぞ偉いだろう」というのでは、あまりに子供っぽいということか。

いや、我慢はそれなりに偉いと思うんだが、それと成仏やニルヴァーナにどういう関係があるのかが、わからない。ただのコントロールではなく、完全な禁欲を要求する戒の根拠が不明だ。

——その方が修行にエネルギーを集中できるだろう。

集中できるとどうなる？

——どうなるって、修行が進むだろう。

すると、他人より早く成仏した方がよいのか？　時間差が成仏の「質」に影響するのか？

——そう言われても……。

わからないだろう。修行の能率や効率がブッダの教えと深刻に関係するとは思えない。もうひとつの理屈は、ゴータマ・ブッダ登場時代の宗教事情として、バラモンの修行者や沙門《しゃもん》と言われた自由思想家連中も、ほとんどが独り身で山林修行をしていたらしいから、当時の「新興宗教」である仏教も、パフォーマンスとしてその伝統を引き継いだのだと考える。

――みんながそうしているから自分もそうする。いわば当時の宗教者の「常識」で、仏教が批判する「苦行」にも当たらない。

そうとも言える。でも、それははっきり言えば世間体の問題にすぎない。仏教プロパーの教義から出てくる言い分にならない。

――そこで君は自分で理屈を考えてみたわけか。

そういうことだ。

——そういえば、別の著作（『日常生活のなかの禅』講談社選書メチエ・二〇〇一年）で君は「不《ふ》淫戒《いんかい》」について述べていたな。人間が「ありのまま」であることの根源的な否定、というような言い方で。それと今回のアイデアとの関連は？

あの本では、仏教の考え方はヒューマニズムではないということを強調したかった。そういう意図で論じたね。

今回は善悪問題がテーマだ。それを「他者に課せられた自己」という視座から論じたら、不淫戒については何が言えるかを考えたわけだ。

——ところが、不淫の倫理的根拠が仏教からは出てこない。

そう。性行為が成仏やニルヴァーナを決定的に阻害するという理屈が教義からダイレクトに出てこない以上、性行為の禁止は仏教的にも善悪を問うことができない。世俗的には最初から無意味だが、出家者においても、善悪を論じることは原理的に無理だ。

——そうなのか？　原理的に？

我が国「出家主義者」の最右翼、道元禅師は面白い言い方をしている。お釈迦様以来、在家で悟った人は一人もいない。悟ったのはみな出家者だ。だから出家しないとダメだ、と。

だが、この言い方だと、これまではダメだったかもしれないが、この先はわからない。在家で悟る人の可能性は、原理的に否定できない。

——でも、道元禅師はたとえば在家者だった維摩居士《ゆいまこじ》の悟りも認めていないだろう。

そうなのだが、別のところで、たとえ出家して戒を破ったにしても、在家者が戒を守ることより勝っているなどと言っている。こうなると、性行為の禁止が教えとしてどういう根拠を持つかわからず、善悪を判断できないだろう。

——そこであらためて、「無常」「空《くう》」の教えから性の問題を検討して、禁止の意味を提案したというわけか。

「自己」の無根拠さ（無常であること）を示す行為として、自らは「自己」を課さない（子供を持たない）。その決意の貫徹として、性行為をしないと誓う、というアイデアが出てくるのだな。

そのとき、修行者の実践として「自己」の無根拠性を提示する行為は、それ自体まったく非倫理的だ。その無根拠な「自己」を受容するか否かという選択も、また非倫理的行為。ということは、非倫理的な行為が倫理の根拠にある、という事態が端無くも露わになる。

——非常に危機的な感じがする。非倫理的な行為が倫理の根拠だと言うなら、それは要するに、倫理には大した根拠はない、ということにならないか？

なる。だけど、我々は「自己」として生きざるをえないと自覚したとき、善悪はあらねばならない。「自己」の決断において、それは獲得されなければならない。

――ところで、こういう主張をしている君は、結婚して家庭があるだろう。どういうわけだ？

修行道場で気楽に独り身でいた間、この不淫戒の理屈を考えていたんだが、「独り身だぞ、偉いだろう」と「修行の効率」以外の、まともな理屈が一向にわからなかった。道場にいる間は、それが壁になるから中に閉じこもっていれば簡単だが、外に出て「偉いだろう」と「効率」だけでやっていくのは、なんだか無理があるし、危ない感じがしたんだな。

――危ない？

つまり、納得できないことをあえてやり続けるということになると、そのうち闇雲《やみくも》な

「不淫原理主義」信仰になってしまいかねない。

するとと最後には、この立場から主張される「無常」「無我」までが、「絶対の真理」のごとくイデオロギー化する恐れが大きい。

——それがいやで結婚したと?

そんな単純なわけがないだろう。ただ、不淫がそれほど重要な問題だとは思えなくなったな。道場の中で集団のルールとして不淫戒を守るならやりやすいが、外に出て一人で行うことは、諸々の負荷が高すぎる気がした。

大体、今や世間では独身者が少なからずいる。そこで「偉いだろう」という態度は鬱陶《うっとう》しい。

——君は別のところで、そこで死ねる終身制の道場があってしかるべきだと言っているだろう。

仲間と一緒にすることは、気が楽なんだ。かなり特殊なことでも、集団でやっていると、外部の眼も「そんなのもアリかな」みたいに軟化するように思う。

それに「効率」とは言わないが、あの生活は馴れると本当に単純で安心なんだ。もう一つ、人間関係をオープンにしやすい。守るもの（家族など）が少ない分だけ、人間関係を開きやすい。

ただ、いざとなれば逃げ場と制限があるから、他人との関わり方が単調になりがちだがね。

――すると結局、君の不淫戒の理屈はどういう意味があるんだ。

あえて理屈を考えてみました、ということだけさ。自分の理屈の出来がよいとは思わないが、他に正面から「不淫」の教義的根拠を論じた例を、僕は知らない。あってしかるべきだと思うんだが。

虚構としての存在

——嘘をつかないということも、あらゆる宗教的戒律にあるな。

普通、嘘と言うと、それとは別に本当のことがある、と考えるだろう。たとえば、詐欺師がいるなら、正体は別にある、というように。

——当たり前のことだろう。

ただ、僕がいつも不思議に思うのは、マスコミで話題になるような詐欺師は、なぜあれほど破廉恥な嘘をつけるのか、また、人はなぜあれほど荒唐無稽な嘘にあっさり騙されるのか、ということだ。

——それなりのテクニックだろう。

でも、逮捕されて刑事事件になったりすると、「私はおかしいと思っていた」という者が必ず出てくる。つまり、そう完璧なテクニックではないんだ。
しかしながら、疑われながらも、暫《しばら》くは嘘が通じている。なぜか。

——何が問題なのだ。

僕は嘘と本当に、確かな区別は無いと思う。詐欺師の「正体」と「化けの皮」と言うなら、「化けの皮」は無論、「正体」にも実体は無く、虚構だと考える。つまり、人間の存在の仕方、「自己」は物語的構造を持つ虚構なのだ。
我々は自分で自分を物語る。それが「アイデンティティー」というものだ。同時に「自己」であるということは「他者」から与えられないと「自己」でありえない。つまり、「自己」の物語を「他者」が受けとり、語り直して与えるわけだ。この二つの物語の一致が「自己」。

——自分が思っている自分と他人によって思われている自分の一致ということか。それで君は、この一致が失われたとき、すなわち「自己」の分裂が嘘という現象だと言うわけだ。

そうだ。自ら物語り、「他者」から物語られることで維持されるのが「自己」だ。だとすると、人間という実存においては、物語られたことしか、わからない。そして物語られる以上、そのすべては虚構で、「正体」などない。

嘘とは、互いに一致させることで維持される「自己」という物語を、意図的に分裂させる行為なのだ。

――君が本論で述べている『自己』を否定する」行為としての嘘とは、その分裂行為なのだな。

そうだ。物語の一致において維持されていた「自己」が、突如解除されてしまう。

このように、「自己」の在り方がそれ自体において物語的構造を持っているから、簡単に別の物語＝嘘が侵入する。その別の物語が、それまでの物語に取り込まれ、一致を阻害しない間は、嘘は嘘ではなく、本当なのだ。

どんなに破廉恥で荒唐無稽な話でも同じ。物語に侵入し、一致を維持できれば、話の内容にかかわらず、「本当」になる。

さらに言えば、何らかの阻害や不具合が物語に生じて初めて、「嘘」が現前する。というよりも……。

――「本当」のことが突如「嘘」になる。

さらに言えば、「嘘」がバレるのではない。「本当」がバレて「嘘」になるのだ。

一組のカップルの間で物語が一致していれば、そこには正真正銘の「婚約者」しかいない。この一致が阻害されて「婚約者」は「結婚詐欺師」になり、その相手の「婚約者」としての「自己」は破壊され、存在を否定されてしまう。

――そういう話を前提にすると、「神通力」や「超能力」の「嘘」はどういう意味を持つ現象なのかな。

「神通力」や「超能力」の真偽は検証のしようがない。したがって、それらは物語られ出した途端、「本当のこと」として増殖し続ける。

すると、通常の「嘘」が物語の不具合として現象すれば、検証の上で修正のしようがあるが、検証不能のまま増殖し続ける「本当のこと」が物語に不具合や矛盾を引き起こしても、修正の余地がなく、「自己」という物語の不具合や矛盾は際限なく拡大するだろう。「超能力の嘘」は破壊力が大きすぎる。

したがって、宗教者は自他の物語が常にどこでも一致する条件で語らなければならない。それを「不妄語《ふもうご》」と呼ぶのだ。

――その文脈で言うと、人の「信用」とか「信頼」ということを、君はどう考える。君の話を聞いていると、単に人は他人の信頼を裏切るようなことをしてはならん、というふうに聞こえるが。

僕が言いたいのは、たとえば「信頼」なら、その重要性の核心が、「自己」が「他者」に徹頭徹尾構造化されている、ということにあるんだな。

――つまり、心情の問題ではない。

心情以前の問題。これは実存の問題なのだ。「人間、信頼関係は重要ですよね」で終わっては、倫理の話にはならない。道徳にはなるけれど。

「自己」である、「課せられた自己」を引き受けるという、この構造の中で「信頼」が不可欠の要件をなすのは、「自己」を課してくる「他者」の正体が決してわからない、ということだ。

すると、「信頼」「信用」も要は「信じる」ことと同じで、要は「賭け」ということになる。その都度その都度、「他者」に賭けることで「自己」は維持される。

「酔う」ことの意味

――酒に関する戒のところで、結局酒を禁じるのは酔うからだと言っているな。そして酔いとは自己反省能力の麻痺、あるいは喪失だと。

それ以外にない。

――そこで、ただの「酒好き」ならともかく「依存症」はまずいと。

完全に自己反省能力を喪失しかねないからな。

――君は「依存症」には一人でなれないだろう、と言っているな。

そう、僕の知る限りの「依存症」の人たちは、ほとんどがある種の孤独や不安を抱えていたな。もともとは酒が飲めなかったという人もいた。

――最近の脳科学の知見では、ある行為をするとドーパミンのような快楽物質が多く出て、それに「中毒」する、というような説もあるらしい。

もちろん、ただの「酒好き」が飲みすぎて「依存症」になるケースも多いだろう。

ただ、酒以外の多種多様な「依存症」を見聞すると、ただ「好き」が高じて「依存症」になったとは思えない。

単に必要から睡眠薬を飲み続けている人と「睡眠薬依存」は、やはり実存の状況が違うだろう。

思うに、ドラッグやアルコールなどは自意識の極端な拡張や溶解を引き起こすし、ギャンブルは、自意識を未来（結果が出るまでの間）に宙吊りにしたまま、麻痺させてしまう。それらへの止みがたい執着があるとすれば、やはり彼の「他者」との構造的な関係性を考察すべきだと思う。

――そういう「依存症」状態に他人を追い込むことの方が、自分でそうなるよりもっと悪い。自分で酔うより他人を酔わせる方が悪い、と君は言う。

そりゃ、自分で反省能力を無くしてひどい目にあうより、他人を酔わせてその能力を奪うことの方が問題でしょう。だいたい、他人の反省能力を奪おうとする行為には、何らかの利己的な意図があるに決まっている。相手を自分の思い通りにできるんだから。

――だから、自己反省能力を意図的に奪うという意味で、「洗脳」を問題にしたわけか。

宗教者、とりわけ仏教者は決して「洗脳」に手を染めてはならない。反省能力を消去してしまうほど強い「酒」を使うとすれば、それは「絶対の真理」として持ち出され、服従以外の行為は封殺されるだろう。

仏教の立場では、修行者が「無常」「無我」「縁起」を認識する智慧を開発し、自らの在り方を常に批判的に把握できる能力を不可欠とする。あらゆる「洗脳」行為はこれと根本的に背馳《はいち》する。

――君は「洗脳」状態の例として「命令されたとおりにやりました」という言い方を挙げているが、これはあらゆる組織や集団、つまり国家、会社、学校、スポーツ団体などで、「不祥事」が起きた時に出てくるな。

宗教でもそうだ。「師の言うとおりにしました」。これではダメなんだ。宗教者なら、

「師の言うとおり」にしてよいか否か、一度自分で考えて選択しなければならない。その選択の責任をとらねばならない。

——仕事や教えにただ忠実であるということは、善ではないのか。

掟や道徳のレベルではそうであっても、倫理的ではありえない。ということは、倫理的であるということは、日常ではそう簡単に起こることはないのだ。自分と組織の関係それ自体が問題化する局面は、本人にとっては危機的な状況だろう。

組織の不正を知ってしまった人間が次にどう行動するか、などということは、日常的には起こらない。まさにこのような局面においてこそ、倫理が問われる。倫理はそれ自体が危機的なのだ。

——その考え方からすると、結局、道徳と倫理の違いは何になる？

道徳は既に共同体が規定している善悪の問題にすぎないが、倫理はその善悪を問うことが問題なのだ。

――すると、倫理的な善悪は「自己」の勝手な決めつけということにならないか？

その「自己」は「他者に課せられている」以上、彼の主張は共同化されうるものでなければならない。

――恣意的ではありえない？

「他者に課せられた自己」という実存構造において倫理を問う立場をとる以上は、ありえない。

だいたい、人が言葉で考える以上、すべてのアイデアは「他者」に媒介されている。「他人を殺してもよい。それは善だ」と「恣意的に」考えたとしても、言語化されている以上は、すでにそれは誰かに媒介されている。

もしあるアイデアが媒介されて「自己」の構造内部に取り込まれたとき、何らかの不適応が生じれば、言わばアレルギー的拒否反応を起こす。

「他人を殺してもよい」とあえて意識化・言語化すること自体が、すでに拒否反応だ。そうでなければ、何も考えることなく、蚊を駆除するように人を殺すだろう。「蚊」は「自己」を課さないからだ。

——すると、たとえば「蚊を殺すも人を殺すも同じ」と主張する人間は？

「他者」に向かって主張する分、まだ倫理的でありうる。しかし、職業的に人を殺す人間は、倫理が脱落しやすい。彼にとって「殺人」は純粋な仕事の「処理」にすぎなくなる。

「罪」の成立条件

——次の項目は、人の罪や誤りを責めるな、ということだな。

それは「自己」のよくするところではない。

――責める根拠に欠けている。

そう。「罪」と「過ち」は共同体の罰する意志、矯正する意志がないところには成立しない。「罪あるがゆえに罰する」のではない。「罰するがゆえに罪になる」のだ。

さらに言えば、罰する意志さえあれば、「悪」い行いが無くても「罪」を作ることができる（独裁体制下の「政治犯」。司法機関の作る「冤罪《えんざい》」）。換言すれば、倫理的な「悪」はあっても、倫理的な「罪」はありえない。

――つまり、「罪」と「過ち」は「自己」の問題ではなく、「共同体」の問題だと。

そのとおり。「自己」が問題とすべきなのは、共同体の懲罰・矯正システムの根拠、その正当性だ。

――具体的にはどういうことだ。

罰せられた人間が一番不満に思い、怒りを覚える場合は、罰せられた理由が納得できないときだ。

ルールが明示され、逸脱行為がはっきり規定されていると了解でき、第三者も承認しうる懲罰なら、諦めるしかない。これは完全に共同体が担保すべき要件だ。

しかし、このシステムがどういう根拠で成立しているかを問うのは倫理の問題だ。なぜなら、「悪」のすべては「罪」「過ち」ではないが、「罪」「過ち」はすべて共同体における「悪」、道徳的「悪」とされるからだ。

――ならば、その「下部構造」たる共同体的「悪」を問う「自己」のアプローチはありうるわけだな。

倫理の問題はそこだ。善悪にあるのであって、「罪」「過ち」にあるのではない。

――すると、君の立場から言って、「死刑」という罰は倫理的には？

否定する以外にない。「自己」という「無常」の実存は、「無常」なるがゆえに「成仏」する可能性を持っている。つまり、人は変わることができる。彼がどんな「悪行」を犯そうとも、変わる可能性そのものを断絶させる行為は拒否する。

——いわゆる「ヘイトスピーチ」は罰するべきか？

根拠なく、たまたまそこに生まれてきたにすぎない者が、根拠なく、たまたまそこに生まれてきたにすぎない者を、根拠なく、たまたまそこに生まれてきたにすぎないことによって、抑圧し攻撃し排除するというなら（出自に関する差別とは、要するにそういうことである）、それは妄想の果ての仕業でしかない。

ただ頭の中で妄想している分には勝手だが、妄想から発する言動で他人を差別しようとするなら、その禁止は当然だと考える。

ナルシシズムの倒錯

――仏教がナルシシズムを否定する戒を持つのは理解のできる話だな。

自己愛は多くの場合、他者の否定に陥る。自己愛者は他者を攻撃したり嫉妬する傾向が強い。ということは、「他者に課せられた自己」という実存様式を自覚しにくい。

――確かに人格円満なナルシストってのは見たことがないな。

それが何であるか原理的に知ることができない「自己」を、知らないまま愛そうと無理するなら、最初に思いつくのは「他者」との差異を利用してこれを貶《おとし》め、「自己」を相対的に持ち上げることだろう。

――確かにそういう心理的なダイナミズムが働くかもしれないな。

ナルシストって自慢話をするだろう。それ自体が既に他人を貶めているのと同じだというわけ。まさに「自讃毀他《じさんきた》」だね。

——そうか、だから自慢話を聞いているといやな気分になるんだな。でも、どうして自慢話をする者は、そのことに気がつかないのかな。

僕はわかっていてもやめられないんじゃないかと思う。つまり、「他者に課せられた自己」という受け容れがたいものを受け容れなければならないとき、当の「他者」から深く配慮され尊重されるならともかく、そういう体験が不十分なら、自分で自分を尊重するしかないだろう。

——でも、甘やかされ放題でナルシストになっちゃった、という例もあるだろう。

大切なのは「尊重」と「過保護」の決定的な違いだ。それは、相手の「自己」が成立することを期して配慮するかどうかなんだ。「過保護」は、相手の「自己」を無視する。ほとんど愛玩物の扱いに近い。

すると彼は「他者に課せられた自己」という実存様式には無知なままにとどまるしかな

い。それはつまり「自己」にとっての「他者」が成立しないのだから、乳幼児的全能感を脱しえない、ということになるだろう。

——すると、まともに「尊重」された者はナルシストにはならない。

ならない。俗に「育ちのよい人」と言われる人がいるだろう。金持ちだろうとなかろうと。

——いるな。みんなから好かれて、ほとんど誰からも悪く言われない「いいヤツ」みたいな。

彼らの最大の特色は、自己顕示欲や衒《てら》い・気取りの類が、ほとんどまったくない。とにかく自慢話をしない。偉そうにしない。

——する必要がない。

そう。十分配慮されて、「自己」を受容できたから。

——すると、ナルシストはどこかから「自慢話」のネタを調達してこなければならないな。

知ることのできない「自己」の内部にそんなものはないから、外から持ち込むしかない。たとえば、自己愛はしばしばナショナリズム、つまり「愛国主義」とか「民族主義」と結びつく。一見己れを犠牲にして顧みない態度に見えるが、その正体はナルシシズムだ。ナショナリストになるには、その「国」や「民族」に生まれればよいだけだ。要するに生まれたとたんに「自己」を肯定することができる。生まれたという事実以外に、そこにはなんの努力もいらない。実にインスタントで即効性のある自己肯定だ。

——ところが、「国」や「民族」の優劣を決める基準など、そこに選択の余地なく生まれてきた人間に決められるはずもなく、全部後づけの理屈にすぎないだろう?

そう。アイデア、観念なんだ。ナショナリストは「国」や「民族」という、自分に取り込んだアイデアを愛しているにすぎない。

――極端にナショナリスティックな言動をする人間は、自国を賞賛するより他国を貶めることのほうに熱心な気がする。よく知ってるはずの自国を褒めるんではなくて、よく知らない他国を性急に攻撃する。

そういう攻撃的パフォーマンスをしなくては「イズム」「主義」にならないからね。そもそもが思い込みだから、いくらでもエスカレートすることができる。

それに「愛国」を声高に言う人は、他国どころか意外なほど自国に関しても無知な者が多い。試しに「日本の何を愛するのですか」と訊いてみると、具体的なものが何も出てこない場合がある。

「文化と伝統がすばらしい」と若い人が言うから、「どういうものが好きなんですか」とさらに訊くと、「アニメ」とか「仏像」などと言う。その程度の話なら、「アニメが好き」「仏像が好き」で結構だろう。だが、これじゃ「主義」にならない。

——ナショナリズムは「主義」だから、「国を愛せよ」とか「愛すべきだ」と主張するのだろうが、人は他人に「愛せ」と言われて愛せるわけがない。

海外旅行から帰ってきた人が、ご飯やみそ汁にありつきながら「ああ、やっぱり日本っていいねえ」と思うのが、「主義」ではない「愛国」だろう。これすなわち、「日本が好き」というだけのこと。そしてそれは人それぞれの「好み」の問題。で、「好み」は身体感覚に根差すから、容易には変わらない。

ところが、「主義」は要するにアイデアだから、都合や条件に応じて簡単に変わる。

——たとえば?

例のナチスドイツには「名誉アーリア人」という人々がいた。ナチスは自らを「アーリア人」と規定して「ユダヤ人」を弾圧したが、「ユダヤ人」であっても利用価値の高い者を必要に応じて「名誉アーリア人」として待遇した。すごいだろ。このご都合主義。

この伝で言えば、我が国のナショナリズムも、スポーツ界で活躍する人気外国人選手を排斥する「国粋化」運動みたいなことを始めたら、危険水位に近づいたと言えるかもしれない。

彼らはいわば「名誉日本人」だ。これをも排斥する運動が始まり、それに一定の共感が集まったときは、警戒すべきだろう。

——君の言い分を聞いていると、仏教とナルシシズムやナショナリズムは、水と油だな。

「無常」「無我」と言うなら当たり前だろう。特にナルシシズムは、仏教でいう「無明」のとてもわかりやすい例だと思う。

さらに言えば、インドに生まれ中国・朝鮮半島を経て伝来した教えを、「自己」の基軸として選んだ日本人が、どうやってナショナリストになれるんだ。

自己否定的な無意味さ

——次の話題は、物惜しみか。

所有すること自体への執着だ。所有行為自体を錯覚と考えた「不偸盗戒《ふちゅうとうかい》」の立場からすれば、錯覚に執着するんだから、二重の錯覚だろう。

——そこで君は、いきなり宗教的秘密主義を批判する。

この二重錯覚には、根本的な無意味さがある。

所有するものの価値は、他人から欲望されることにあり、他人が欲望するのは、取得や交換の可能性があるからだ。所有に執着してこの可能性を断ってしまったら、所有行為が原理的に無意味になる。

同じことで、大切な教えが秘匿されるか、ごく少数の者にしか公開されなければ、大多数にとってはそれは無いも同然だ。大多数にとって無いも同然の教えは、その時点で無意味としか言いようがない。

——まあ、簡単に言えば、人知れずひたすら貯め込まれた財産が、そのまま人に知られなかったら、無いも同然ということか。

そうなんだが、ここで考えるべきは、秘匿とか隠すという行為自体の意味なんだ。僕が思うのは、大事なものを隠すのではなくて、隠すから大事なことのように思えるのではないかということだ。

——そういえば、「秘と付けて隠してしまえば有難い」、という川柳があったな。

まさに、そのとおり。後で取り出してみたら、取るに足りなかったり、隠さないほうがよかったことだったりする。

だが、この秘匿の操作は、経済的価値を生む場合がある。宗教的詐欺の手法として、秘匿の段階的解除を商売でやるんだな。

——つまり、「免許皆伝」的行為を段階的にして、そのたびに金品を要求するわけか。

そうだ。秘儀とか奥義とか称して、とにかく隠すパフォーマンスをする。隠されているものは、隠されているのだから、他人には「何か大事なこと」という以外に、まるでわからない。

すると、後は隠す側の恣意だ。どう値段を付けようと、「わからないもの」をどうしても「欲しくさせられた」人は、言い値で買うしかない。

隠すこと自体が価値を生むとなれば、人はそれに執着するだろう。これを馬鹿げた行いと戒めるのが、仏教の智慧だ。

怒りの無駄

――修行僧時代には、君は後輩からずいぶんと怖れられていたらしいな。

いま思うと赤面する以外にないが、当時は大真面目だったな。

――当時を振り返って感想を一つ。

この「大真面目」が問題だ。怒る人間は自分が「正しい」と信じている。その「正しさ」に対するナイーブな信念が「真面目さ」なんだ。

修行僧だった頃、先輩に「仏の○○さん」と言われた人がいた。九年間一緒だったが、とにかくまったく怒らない。怒った素振りも見せない。


――そんな人も禅道場にいるのか？


事実いたんだ。一度だけ、新入りの修行僧が押し入れに隠れて寝ていたとき、少し強い口調で「何やってるんだ」と注意したことがあった。

そうしたら、たちまちのうちに寺中に噂が広まり、ただ「○○さんを怒らせた」というだけの理由で、新入り修行僧は監督機関の古参僧に連行され、さんざんに油を搾られていた。

この先輩が道場を去るとき、僕は訊いてみたんだ。

「先輩はどうして怒らないでいられるんですか？　怒るという神経回路が欠けてるんですか？」

そうしたら先輩はニヤッと笑って言ったね。

「直哉《じきさい》さんは親切だからね」

――なんだ、それ。

まあ、聞け。

「直哉さんは親切だから怒るんだよ。相手の誤りを正し、善い方向に導きたいという気持ちがあるから、怒ることができる。

でもね、私にはそういう親切心がない。いいじゃないか、放っておけば。堕落するのは本人だけだ。誰も困らない。後で困るのは彼だけさ」

――いや、それこそ恐い人だな。

だろう。僕は別に親切なわけではないが、この話で肝心なのは、怒る人間には「正しさ」に対する確信がある、ということだ。

――だが、その「確信」は常に条件づけられたものでしかない。

だから、その条件を自覚して、その範囲内で怒らないと相手に通じない。そうでないと、必ず「理不尽な怒り」となって、相手に感情的なしこりが残るだろう。

――つまり、自分の「正しさ」の主張が目的ではなくて、次に同じ間違いを起こさないようにすることが目的だということだな。

間違いや悪行がなぜ起こるのかという状況を明らかにした上で、再発しないように手を打てばよいだけの話で、人を罵倒《ばとう》するようなことではないし、まして暴力を振るうなどという問題ではない。

――すると、「正しさの主張」、あるいは怒るには、相応の手法があるということか。

僕が必要だと思うのは、自分が「正しい」と思う根拠をきちんと言葉で説明できること。次に、相手に確かに自分のミスだと納得させられること。もう一つ、もっとも重要なのは、周囲の第三者が見て、「ああ、あれならアイツが怒られても仕方ない」と思えるようにすること。

ところが、この三つを行うには冷静さが必要で、怒りの感情は障害にしかならない。つまり、怒る目的に対して、怒りは無用なんだ。

——すると、怒りとはまったく無意味な感情なのか？

問題を指摘することはできる。しかし、解決することはできない。

批判と否定

——最後に仏と教えと坊さんを誹謗《ひぼう》しないという戒が出てくるな。これは一切批判することを赦さない、という意味なのか。

違う。批判の本質は批評で、要するに目的は改良なんだ。批判とは、対象の存在を否定することではない。

否定は相手の存在を消そうとするが、批判は存在することが前提。その存在の仕方に問題があるから、そこを解決しようという話だな。

――誹謗という行為は、批判ではなく否定だと言うわけだ。

ただ、教義的な論争になると、仏教に限らず様々な宗教や思想の「プロ」が、しばしば誹謗としか思えないような言葉の応酬をすることがある。

――エスカレートして暴力に及びかねない。

この戒の「愚かにも」という一語は、ここに効いている。人々に平安をもたらすべき教えが、「正しさ」への固執から相互否定の争いへと顚倒《てんとう》していく愚を言っているんだ。

自立としての懺悔

——さて、ここまでの善悪をめぐる議論から、今度は善悪を行う主体の、つまり倫理的な主体としての「自己」がいかに構成されるか、というべきテーマを取り上げる。その第一段階が「懺悔《さんげ》」というわけだな。

本論でも述べたように、論理的には「懺悔」は「受戒」の後に置かれるべきだろう。道元禅師の自著とされる戒法関係の文書にも、受戒の前に懺悔を置くものと置かないものがある。

しかし、曹洞宗《そうとうしゅう》の現在の儀礼においては、懺悔が受戒の前に来る。これと同じ儀礼を道元禅師存命中の初期教団が行っていたかどうか、確たる証拠はない。

——しかし、今回、あえて君は受戒の前の懺悔を積極的に論じている。それはつまり、倫理的主体の実存的な意味を考える材料として、だな。

まあ、そんなところだ。何らかの価値を選択するということは、その価値を認めて生きる「自己」に再編成する、ということだ。それまでの「自己」の在り方を一度区切って、改めて「自己」を担い直す、ということになる。

——それまでのように漠然と「自己」であるのではなく、ある価値との関係から、「他者に課せられた自己」という在り方を自覚して、それまでの「自己」を総括するわけだな。

そして、再び担うことを決断する。これが帰依だ。この手続き無しに倫理は立ち上がらない。

——すると、君は懺悔を、「自己」の在り方に無自覚な状態を総括する行為に当たると考えるのか？

これまでの自分ではダメだ、という話だな。

生まれてきたことには、何の責任もないが、これまでと同じではダメだという自覚の後に何をするかに対しては、責任が生じる。

これは前に述べた、「親」の責任を一方的に免除することが「自立」だ、という話と同じ。意志と決断において、つまり責任を担い直して（これが「自己責任」）、「自己」を再起動する。

――その再起動以前の状態から再起動へとジャンプする、いわば跳躍板が「懺悔」ということか。

そう考える。だから、倫理的な局面は危機的なんだ。「これまでの自分はダメだ」などと思うことは、日常的に起こることではない。掟や道徳は日常で機能するが、倫理が問題化するのは、非日常的な状況においてだ。

――つまり「自己」という実存を揺るがすような事態だ。

そういう事態に陥ったとき、我々はおそらく初めて自分の在り様を丸ごと考えることになる。そして、場合によっては生きるか死ぬかという問題になる。

その生きるか死ぬかになったとき、別に死んではいけない理由はない。生きねばならない根拠もない。にもかかわらず、「でも、生きる」となったとき、その人間は倫理的主体として「自己」を獲得すると、僕は思う。

——理由は無くてよい。

死ぬか生きるか、「でも、なんとなく生きることにしました」でよい。それも決断なのだ。

——「もうダメだ、死のう。死ぬしかない」と考えるのも当然だからな。

「それでも、生きる」とあえて決断する。そのジャンプが倫理を発動する。

——そういうアイデアを、君は『正法眼蔵』の引用文から読み出したのか。

もっとも、引用文には戒に具体的に触れるところが一ヵ所もない。つまり懺悔が問題になるのは、戒の条項に対する違反ではなく、「懈怠《けだい》」だの「不信」だのという、「懺悔」前の修行態度、否定されるべき「自己」の在り様なのだ。

――そのような危機的状況を自覚して、ついにジャンプする。

そのジャンプが「浄信一現」させて「自他同じく転ぜらるる」わけだ。つまり、そこには実存構造の刷新があるのだ。

――それが君の言う「帰依の反復」になるのか。

引用文で如来や祖師の慈悲を願うのは、それが反復される帰依だからだ。慈悲を請える立場にい続けようとする意志なんだな。

――だから、自らが成仏する覚悟を示す文章が続く。

最初はブッダも凡夫だろう。ならば、いま凡夫の我らも、必ずやいつの日かブッダとなろう。こう決断する「自己」こそ、仏教が構成する倫理主体だ。

——そのとき「必ず仏祖の冥助《めいじょ》あるなり」と言っているが、それは我々が覚悟を決めれば、どこからか仏様が出てきて、万事よろしく助けてくれるということか？

僕に言わせれば、そんな気楽な話ではない。覚悟を決めた以上、後はなるようにしかならない、ということだ。

——それが「冥助」？

だって、「冥」と言うんだから、仏ならぬ身には見えない、わからないわけでしょ。わからないものを当てにはできない。

何の当てもなく覚悟を決める。後はなるようになる。そこに「冥助」が働いているかもしれない。でも、修行の最中に、そんなことはわからない。

――じゃ、なぜわざわざこんなことを言うんだ。

「賭けろ」と言っているのさ。まったく当てにはできないが、そうしろと。

――何だか辛いところだな。

この話の本当の過酷さは、一発ではカタがつかないところにある。

引用文で言われている「懺悔」は、既に言ったように、この戒に違反しました、あの戒を破りました、ということではない。そうではなくて、それまでの自分の在り方を総括する。総括して再スタートする。また総括して再スタートする。その繰り返しのことを言っているんだ。

一度「自己」の実存を自覚して引き受けたら、その在り方を何度も何度も問い直す。引き受けたんだから、責任がある。

いまこのような「自己」でよいのか。この在り方に責任を負えるのか。問う。問い続ける。倫理的行為はそこに現成《げんじょう》する。

善は無い。善への意志がある

——さて、最後に話題になるのが実践の問題。かくのごとき善悪はいかにして実践されうるか、ということだな。

善悪の実践には、普通は強制がある。絶対神の「審判」にしろ、因果応報の「道理」にしろ。

しかし、これは所詮、利益誘導と脅迫にすぎず、倫理には関係していない。なぜなら、利益誘導と脅迫はシステムにすぎないからだ。

システムが要求するのは「原因」だ。人間の何らかの行為が「原因」としてシステムに取り込まれると、「神の摂理」や「因果の道理」が自動的に、結果としての賞罰を決定する。

――ところが、倫理はシステムではない。

何度も繰り返して言及したように、倫理はシステムではなく意志なのだ。倫理が要求するのは、「原因」ではなく「責任」。

では、「責任」とは何か。前に述べた通り、自分が行った行為がある事象の「原因」だと、他者に対して認めることだ。

この「原因であると認める」意志こそが倫理を可能にする条件となる。

――システムにおいては、この「原因」に対して「結果」があり、そのバーターで個々の行動が決定される。行為を「原因」として賞罰が「結果」する。

倫理においては、ある目的を意志して、個々の行為を決する。仏教ではその意志のことをしばしば「誓願」と呼ぶ。

――すると、システムに依らずに倫理的であるためには、過去に責任を負いつつ、未来を願って、いま「自己」の在り方を決する「意志的行為」を持続させる以外にない、ということか。

そうだ。その「意志的行為」を維持する道具が、ゴータマ・ブッダの説く「因果」だと、僕は思う。

——すると何だか危ないなあ。要は、意志一つにかかる、という話だろう。

「親を大切にしよう」という話は道徳的に結構なことだ。しかし、そうするかどうかは、あくまで本人の意志だろう。

——そこまで言うと、ほとんどニヒリズムだぜ。

違う。倫理は「するかどうか、決めろ」と言っているんだ。
道徳や掟が何をどう言おうが、自ら「親は大切だ」と断定して、親を大切にすべきなのだ。親を大切にしないなら、その責任のすべてを負う覚悟を決める。システムに頼らない。これが倫理の話だな。

——その、君の言う「システム」とは何なのだ。

共同化された思念の構造体とでも言うべきかな。所詮はメンバーの意識や思考の様態が一定の秩序で共同化され、それ自体で存在する実体のように錯覚されたものにすぎない。脅迫や利益誘導も、こういう共同化がなければありえない。

そして、システム内で作動している「因果律」は実体原理のように扱われる。

——すると「科学」もそうなのか。

もちろんそうだ。「科学」が使う「因果律」もシステム化されて実体的に意識されるにすぎない（それが「法則」とか「原理」と言われるもの）。「道徳」や「掟」、そして「科学」はシステム。

しかし、「倫理」は「自己」であり続けようとする意志。そして、そうである限りの「倫理」なのだ。

——それゆえの脆さと危うさだと言うのか。

「無常」の認識は、結局そう言わせるだろう。

あとがき

非才が本を書くのだから難産は当然だが、本書は別格であった。

私はもともと、長いものを切り詰めるのは得意である（小学生のころ、父親に「自分の一番よいと思っているところを切れ」というラディカルな教えを受けている）。

ところが今回、書かねばならぬと内心考えていたものを書けと言われてやってみた結果、書きたいことを書きたいように書いたら、原稿用紙五枚ほどの分量で終わってしまった。

言うまでもなく、これでは本にならない。そこで、過酷な引き伸ばし作業が始まった。

最初に考えたのは、善悪を説く偽の経典を作り、これを題材に架空の老師が講義をして、自分が聞き書きを残すという、フィクション仕立てのものである。

これは、実際に経典めいた文章を作り、パーリ語で東南アジアの僧侶と会話できるという弟子（私から得度している学者である）に翻訳してもらった。

送られてきたパーリ語訳は「ニカーヤ」本物にしか見えず、その和訳もそれらしい文体で、出来は見事であったが、結局、このアイデアはダメだった。

「偽経」の偽講義という、二重の仕掛けがどうにも鬱陶しく、言いたいことを言いきれず、予定の三分の一程度を書いた時点で、ついに挫折してしまったのである。

そこで今度は、本論の理屈の部分を無理やり増広し、さらに仏教の戒をネタに引き込むという、本当はやりたくなかったことまでして何とか枚数を稼いだが、まだ足りない。

事は最後の手段に及んで、また弟子を当てにした。私の考え方に慣れてはいるが追従しない弟子（中国地方で住職をしている）を呼び出し、編集者のアレンジで本書の論旨をめぐって対談を行い、それを本の後半にしようとしたのである。

ところが、これも当てが大きく外れた。互いに多忙で年に一度くらいしか会わなくなっている師弟は、久しぶりに会うと話題が仏教や『正法眼蔵』に引っ張られ、さらに時事問題にまで広がり、ともするとテーマを見失って談論風発、結果、文字に起こしたら原稿用紙で五百枚近い代物になってしまったのである。

もちろん、テーマにそって有益な部分も多々あったが、なにせ五百枚である。いかに切るのが得意とはいえ、これを本書に収めるには、対談を参考に新しく文章を書き下ろすのと同然のことをしなければならなかった。

こうした曲折を経てようやく上梓にこぎつけたのが本書である。体裁整わず、とうてい満足のいく出来ではないが、これを書き上げなければならないという意志は、最後まで一貫して衰えることはなかった。本書を公にする唯一の「言い訳」である。

擱筆《かくひつ》にあたり、師匠から報われること乏しかった田中大道師と古山健一師のご協力と、これまで同様辛抱づよくお付き合い下さった講談社の編集者・山崎比呂志氏のご支援に、心より深く感謝申し上げる。

二〇一四年師走

南　直哉

講談社現代新書　2293

善《ぜん》の根拠《こんきょ》

二〇一四年一二月二〇日第一刷発行　二〇一五年三月四日第三刷発行

著　者　南《みなみ》　直哉《じきさい》　©Jikisai Minami 2014
発行者　篠木和久
発行所　株式会社講談社
東京都文京区音羽二丁目一二—二一　郵便番号一一二—八〇〇一
電　話　〇三—五三九五—三五二一　編集（現代新書）
〇三—五三九五—五八一七　販売
〇三—五三九五—三六一五　業務
装幀者　中島英樹
印刷所　株式会社KPSプロダクツ
製本所　株式会社KPSプロダクツ
定価はカバーに表示してあります　Printed in Japan

N.D.C. 150　238p　18cm
ISBN978-4-06-288293-4

「講談社現代新書」の刊行にあたって

教養は万人が身をもって養い創造すべきものであって、一部の専門家の占有物として、ただ一方的に人々の手もとに配布され伝達されうるものではありません。

しかし、不幸にしてわが国の現状では、教養の重要な養いとなるべき書物は、ほとんど講壇からの天下りや単なる解説に終始し、知識技術を真剣に希求する青少年・学生・一般民衆の根本的な疑問や興味は、けっして十分に答えられ、解きほぐされ、手引きされることがありません。万人の内奥から発した真正の教養への芽ばえが、こうして放置され、むなしく滅びさる運命にゆだねられているのです。

このことは、中・高校だけで教育をおわる人々の成長をはばんでいるだけでなく、大学に進んだり、インテリと目されたりする人々の精神力の健康さえもむしばみ、わが国の文化の実質をまことに脆弱なものにしています。単なる博識以上の根強い思索力・判断力、および確かな技術にささえられた教養を必要とする日本の将来にとって、これは真剣に憂慮されなければならない事態であるといわなければなりません。

わたしたちの「講談社現代新書」は、この事態の克服を意図して計画されたものです。これによってわたしたちは、講壇からの天下りでもなく、単なる解説書でもない、もっぱら万人の魂に生ずる初発的かつ根本的な問題をとらえ、掘り起こし、手引きし、しかも最新の知識への展望を万人に確立させる書物を、新しく世の中に送り出したいと念願しています。

わたしたちは、創業以来民衆を対象とする啓蒙の仕事に専心してきた講談社にとって、これこそもっともふさわしい課題であり、伝統ある出版社としての義務でもあると考えているのです。

一九六四年四月　野間省一